# 100 EXPRESSIONS héritées de L'HISTOIRE

LE FIGARO littéraire

# PRÉFACE

Par Étienne de Montety

**Le Français est à la fois un paysan et un poète.** Il aime les expressions concrètes et colorées qui donnent du charme à sa langue, lui évitant de tomber dans l'abstraction. « Ne pas être sorti de l'auberge », « se mettre en rang d'oignons », autant de formules qui lui parlent immédiatement. Il les utilise à foison. « Se retirer sur l'Aventin » a une autre allure que « bouder », pour ne rien dire de l'horrible « boycotter ». Et « retourner sa veste » est une image tellement plus expressive que « changer continuellement d'avis ».

**Ces expressions vieilles comme Hérode,** ou un peu plus récentes, ne sont pas seulement des ornements de la conversation. Elles sont le signe d'une histoire commune. Quand on entend parler du serment d'Hippocrate, ou du panache blanc, ou de La Palice ou de Canossa, des souvenirs issus de nos manuels d'histoire ou de littérature remontent à notre mémoire. Tout le monde a pour Rodrigue « les yeux de Chimène » parce qu'il a lu *Le Cid*. Quand il est question du « soleil d'Austerlitz », un Français est volontiers enclin à croire que son génie propre a partie liée sinon avec Dieu, du moins avec la météorologie. C'est aussi avec des mots que l'on forme une nation.

**Ces formules sont à mi-chemin entre la phrase d'auteur et le proverbe.** On ne les compte plus. Elles sont innombrables, et leur origine est mystérieuse, obscure, oubliée. Qu'importe. D'ailleurs il arrive que la phrase ait échappé à son créateur et soit passée pour ainsi dire dans le domaine public. Ainsi l'homme de la rue cite naturellement François Ier, Mirabeau ou Clemenceau, sans le savoir. Le roi n'est pas son cousin, même si l'État, c'est lui.

**Et telle répartie peut bien être apocryphe,** pourvu qu'elle soit jolie et sonne juste. Il y a dans tout Français certes un peu de M. Jourdain, mais surtout un Cyrano qui aime les jolies phrases, et par-dessus tout qui est soucieux à la fin de l'envoi de toucher. On n'est pas de la patrie de Molière et de Rostand pour rien.

# ANTIQUITÉ

PÉRIODE 321 av. J.-C.
LIEU Campanie (Italie)

# Passer sous les fourches caudines

**Définition** Subir une humiliation sévère.

**Origine** Le peuplement historique de la Campanie, où se situe la ville de Naples, est attesté à partir du VIIe siècle av. J.-C. La fertilité de cette région volcanique, au pied du Vésuve, attire d'abord les Osques, puis les Grecs, les Étrusques et les Samnites, qui se livrent régulièrement bataille pour y imposer leur influence. Mais, à partir du IVe siècle, de nouveaux protagonistes font leur entrée en scène. Les Romains, originaires du Latium, deviennent des adversaires redoutables. Trois guerres opposent Romains et Samnites entre 343 et 292 av. J.-C. C'est au cours de la deuxième que les Romains sont écrasés dans le défilé de Caudium, au nord de Naples et de Bénévent. Alors que les troupes romaines menées par les généraux Veturius Calvinus et Spurius Postumius Albinus Regillensis progressent depuis

la plaine, les Samnites restent prudemment en retrait. Arrivés devant les gorges étroites situées entre les deux montagnes qui encadrent la ville, le seul choix qui se présente aux Romains est de faire demi-tour ou d'avancer dans le goulet. Mais les Samnites ont fermé les routes, en aval et en amont. Les Romains doivent capituler, et leurs vainqueurs les contraignent à passer, dépouillés de leurs armes et de leurs vêtements (symbole de civilisation pour les Romains), sous un joug formé par des lances. Cette peine, plus humiliante que la réclusion ou la mort, devient le moteur de la vengeance romaine qui va frapper les Samnites dans le siècle à venir.

PÉRIODE VII$^{e}$ siècle av. J.-C.
LIEU Athènes

# Prendre des mesures draconiennes

**Définition** Prendre une mesure d'une rigueur implacable, voire excessive.

**Origine** Souvent considérée comme le modèle de référence, la démocratie athénienne de Périclès, au VI$^{e}$ siècle av. J.-C., n'est pas née de rien. Avant ce grand stratège, d'autres réformateurs ont présidé à la destinée de la cité grecque – comme Solon qui a fondé les institutions démocratiques de la ville. Les premières esquisses de législation écrite remontent au VII$^{e}$ siècle av. J.-C., alors qu'Athènes fait face à des guerres civiles nées des rivalités entre les grandes familles qui se disputent le pouvoir oligarchique. Afin de mettre un terme à ces troubles, le législateur Dracon dresse, vers 621 av. J.-C., un code de lois non plus coutumières mais écrites. Seul un court extrait de ces lois nous est parvenu, et ce sont des auteurs plus tardifs qui en ont véhiculé la réputation d'extrême sévérité : tout délit, même mineur, est en effet presque invariablement sanctionné par la peine de mort. L'adjectif « draconien » semble attesté pour la première fois en 1796, époque tumultueuse tout aussi propice à l'édiction de lois extrêmes que l'était la cité d'Athènes au VII$^{e}$ siècle.

PÉRIODE 390 av. J.-C.
LIEU Rome

# Il n'y a pas loin du Capitole à la roche Tarpéienne

**Définition** Entre la gloire et le déshonneur, il n'y a qu'un pas.

**Origine** La mésaventure de Brennus et des oies du Capitole est riche d'expressions passées à la postérité. Plutarque rapporte que cette nuit-là, Marcus Manlius se serait interposé face aux Gaulois. Militaire décoré trente-sept fois et ayant reçu les honneurs du consulat, il aurait amputé de son épée l'un de ses adversaires tout en précipitant le second dans un abîme à l'aide de son bouclier, tenant ainsi les barbares gaulois en échec. Acclamé par les Romains restés sur le Capitole et nommé chef des résistants, il prend le surnom de « Capitolinus ». Mais la fierté semble lui être montée à la tête. Jaloux du dictateur Camille, qui a repris à son propre compte la victoire contre Brennus, il l'accuse, ainsi que le Sénat, d'avoir détourné l'or des Gaulois à leur profit et s'ingénie à soulever la population. Après un séjour en prison, Camille le fait de nouveau arrêter : condamné cette fois à la mort, il est précipité du haut de la roche Tarpéienne, crête rocheuse située sur la colline même du Capitole. Il n'y a donc pas loin, ni géographiquement ni symboliquement, du Capitole à la roche Tarpéienne.

PÉRIODE 390 av. J.-C.
LIEU Rome

# Les oies du Capitole

**Définition** L'expression « ce sont les oies du Capitole » s'applique à toute personne, ou aujourd'hui média, qui prévient d'un danger à venir et permet de retourner la situation en faveur de ceux qui étaient préalablement menacés.

**Origine** L'histoire de Rome porte profondément l'empreinte de ses sept collines. Parmi elles, le Capitole est le centre politique et surtout religieux de la ville dès la période royale (VIII^e^ siècle av. J.-C.). On y trouve bon nombre de temples dédiés aux différents dieux du panthéon romain. L'un d'eux est consacré à Junon, épouse de Jupiter. Celle-ci a plusieurs cordes à son arc divin. Ses qualités de prudence et de conseil lui valent le qualificatif de Moneta (*monere* en latin signifiant « conseiller »), et son animal symbolique se trouve être le palmipède mis à l'honneur dans cette expression. Des oies sacrées

animent ainsi le temple capitolien de Junon Moneta lorsque, en 390 av. J.-C., les Gaulois Sénons (originaire de la région de Sens), menés par Brennus et soutenus par un certain nombre d'autres tribus cisalpines, défont les Romains lors de la bataille de l'Allia. Ils marchent ensuite sur Rome, qu'ils prennent. Là s'arrêtent les faits historiques vérifiables. La légende véhiculée par les auteurs latins veut que le siège de Rome durât sept mois. La ville est la proie des flammes et du pillage, les Romains s'en sont enfuis dès l'annonce de l'approche des Gaulois, et les derniers résistants sont réfugiés sur le Capitole. Une nuit, Brennus tente un assaut décisif sur la colline. Mais les Romains sont réveillés à temps pour abattre leurs ennemis, grâce aux caquètements furieux des oies malencontreusement tirées de leur sommeil par les Gaulois.

PÉRIODE vers 333 av. J.-C.
LIEU Asie Mineure

# Trancher le nœud gordien

**Définition** Régler de façon radicale une situation inextricable.

**Origine** Ce fameux nœud est celui qui liait le timon à la charrette de Gordias, premier roi de Phrygie. Gordias avait en effet reçu, sous forme d'un corbeau, un présage. Après l'avoir fait éclaircir par une jeune fille qu'il s'était empressé d'épouser, il avait gagné la Phrygie avec sa charrette, sa femme et leur jeune fils Midas (lui aussi promis à un destin particulier). Les habitants de la région avaient été prévenus, par voie miraculeuse également, de l'arrivée de cet homme, reconnaissable à son modeste véhicule, qui devait devenir leur roi. Le pouvoir s'offrant ainsi à lui, Gordias fonde alors sa capitale, Gordion, et place sa bienheureuse carriole dans un temple qu'il dédie à Zeus. Un nouvel oracle promet le gouvernement de l'Asie entière à qui saura défaire le nœud inextricable de la charrette. Lorsque, dans les années 330 av. J.-C., Alexandre traverse l'Asie Mineure aux trousses de Darius III, roi des Perses, il s'arrête à Gordion et prétend avec arrogance pouvoir défaire l'entrelacs. Après quelques tentatives infructueuses et dans l'impossibilité de revenir sur sa parole sous peine de retourner le sort contre lui, il tranche le nœud de son épée.

PÉRIODE III^e^ siècle av. J.-C.
LIEU Grèce

# Une victoire à la Pyrrhus

**Définition** C'est une victoire dont le coût est aussi élevé que celui d'une défaite et dont on ne retire finalement que peu d'avantages.

**Origine** Pyrrhus Ier, roi d'Épire (région située entre la Grèce et l'Albanie), a dû faire face aux velléités expansionnistes romaines – tout en étant lui-même tenté par la conquête de quelques terres italiennes. Appelé à la rescousse par la colonie grecque de Tarente, qui accuse Rome d'avoir enfreint le traité lui interdisant de pénétrer dans le golfe éponyme, il affronte victorieusement les légions romaines lors des batailles d'Héraclée (280 av. J.-C.) et d'Ausculum (279 av. J.-C.). Les historiens romains, assez contrits de la défaite de leur patrie, ont tenté de la minimiser, tout particulièrement en relevant le nombre considérable de morts dans le camp adverse. En effet, si à Héraclée environ 15 000 morts sont à déplorer côté romain, les Épirotes n'en comptent pas moins de 13 000. Il en est de même à Ausculum, bataille à l'issue de laquelle on prête à Pyrrhus l'exclamation : *« Encore une victoire comme celle-ci et je suis perdu. »* C'est ce qui finit d'ailleurs par arriver. Pyrrhus est vaincu en 275 av. J.-C., assailli par les Romains et les Carthaginois à Bénévent.

PÉRIODE Antiquité
LIEU Rome

# Vouer aux gémonies

**Définition** Vouloir voir exposé sur cet escalier du supplice et de la déchéance l'objet de son ressentiment. L'escalier du Capitole n'y étant plus guère propice, il s'agit donc d'accabler, d'humilier publiquement une personne. Alphonse de Lamartine en serait l'inventeur, dans son poème *Le Génie*, dans lequel il dénonce le vulgaire, prêt à « traîner Socrate aux gémonies ».

**Origine** Dans *La Légende des siècles* et son poème sur la décadence de Rome, *Le Lion d'Androclès*, Victor Hugo est sans doute celui qui nous livre l'une des descriptions les plus terrifiantes de ce qu'était, dans la Rome du Ier siècle de notre ère, l'escalier des Gémonies ou « escalier des gémissements » (du latin *scalae gemoniae*) :

*Le porc Vitellius roulait aux gémonies.*
*Escalier des grandeurs et des ignominies,*

« Victor Hugo est sans doute celui qui nous livre l'une des descriptions les plus terrifiantes de ce qu'était, dans la Rome du Ier siècle de notre ère, l'escalier des Gémonies ou « escalier des gémissements ». »

*Bagne effrayant des morts, pilori des néants,*
*Saignant, fumant, infect, ce charnier de géants*
*Semblait fait pour pourrir le squelette du monde.*
*Des torturés râlaient sur cette rampe immonde,*
*Juifs sans langue, poltrons sans poings, larrons sans yeux ;*
*Ainsi que dans le cirque atroce et furieux*
*L'agonie était là, hurlant sur chaque marche.*

Vitellius, huitième empereur de Rome renversé par Vespasien, subit en effet le sort des criminels : une coutume datant vraisemblablement du IVe siècle av. J.-C. voulait qu'une fois exécutés, leurs cadavres soient exposés sur un escalier situé sur la pente nord-ouest de la colline du Capitole. Ils étaient ensuite traînés à l'aide de crocs pour être jetés dans le Tibre. Ce fut également le sort réservé à Vitellius.

PÉRIODE Antiquité
LIEU Grèce

# Être au septième ciel

**Définition** Parvenir tout simplement au paradis.

**Origine** L'origine de cette expression est étroitement liée à la science astronomique. Les premières attestations des observations du ciel scruté depuis des millénaires remontent aux Babyloniens. Les astres rythment la vie quotidienne, tout en étant considérés comme des divinités. L'astronomie permet d'en pénétrer les intentions et surtout d'établir des calendriers. Les Grecs reprennent les méthodes babyloniennes, qu'ils précisent par des analyses mathématiques plus fines. La théorie pythagoricienne des sphères, fondée sur l'idéalisation de la sphère comme modèle mathématique parfait, prévaut jusqu'au Moyen Âge. Eudoxe, Aristote puis Ptolémée présentent ainsi le ciel comme une succession de sphères cristallines sur lesquelles circulent les planètes. Le nombre de ces sphères est, suivant les astronomes, très variable. Une tradition veut qu'il en existe sept, imbriquées les unes dans les autres, au-delà desquelles se situe l'empyrée, la sphère des étoiles fixes où se trouve le monde inconnu des divinités. Lorsqu'au XIII^e^ siècle le poète Dante Alighieri, dans sa *Divine Comédie*, situe le paradis, il le place ainsi dans ce septième ciel.

PÉRIODE Antiquité
LIEU Jérusalem

# Porter au pinacle

**Définition** Mettre sur un piédestal, faire l'éloge de quelqu'un ou de quelque chose que l'on place au plus haut.

**Origine** Le premier pinacle connu dans les textes désigne la partie la plus haute du temple de Jérusalem, d'où Satan invite le fidèle à sauter pour éprouver sa foi. Après la prise de Jérusalem par David, le fils de ce dernier, Salomon, entreprend en effet de construire un temple destiné à abriter l'arche symbolisant l'alliance entre le peuple juif et son dieu unique. Fondé vers 970 av. J.-C., ce premier temple, placé sur une colline, reste sans doute dans la tradition du tabernacle portatif du peuple nomade. Détruit en 587 av. J.-C. par Nabuchodonosor II, il est reconstruit par les Hébreux à leur retour de leur exil babylonien. À nouveau profané lors des différents conflits qui opposent le peuple juif à ses voisins, il est entièrement reconstruit par Hérode le Grand dans les années 30 av. J.-C. – les travaux vont employer une vingtaine de milliers d'hommes et durer plusieurs décennies. Ce temple d'une taille exceptionnelle est détruit en 70 par l'empereur romain Titus. Les pinacles vont désormais désigner les points culminants de nouveaux édifices religieux, chrétiens cette fois.

PÉRIODE 494 av. J.-C.
LIEU Rome

# Se retirer sur l'Aventin

**Définition** Refuser de continuer la discussion, se retirer de la scène, en particulier en politique.

**Origine** Le V^e^ siècle avant notre ère est, pour les Romains, celui de la fondation de la République. Son premier siècle d'existence est particulièrement chaotique. La société est organisée autour de familles élargies (les gens), portant le nom d'un ancêtre commun. Chacune est dirigée par un « père » (le fameux *pater familias*), qui siège au Sénat. Ces patriciens cèdent rapidement à la tentation d'instaurer un régime aristocratique et monopolisent les magistratures. Cependant, la plèbe, constituée d'hommes de toute condition sociale n'appartenant pas à une *gens* – tout en se retrouvant souvent dans une relation de dépendance financière vis-à-vis d'elle, ne l'entend pas de cette façon et s'élève contre son exclusion des charges de

l'État. En effet, les patriciens n'hésitent pas à leur demander leur concours lors des guerres qui les opposent aux tribus voisines. Aussi les plébéiens exigent-ils en contrepartie une reconnaissance politique. En 494 av. J.-C., ils se soulèvent, tiennent leurs réunions de crise sur l'Aventin, l'une des collines de Rome, et refusent leur appui dans l'énième guerre contre les Volsques. Si une partie des patriciens est d'avis de mater la rébellion par la force, le Sénat, conscient du rôle militaire essentiel de la plèbe, accepte les négociations. Celles-ci aboutissent à la création d'un tribunat de la plèbe. Les tribuns ont un droit de veto sur les décisions du Sénat, peuvent proposer des lois et bénéficient de la protection des dieux et de la justice.

PÉRIODE 390 av. J.-C.
LIEU Rome

# Malheur aux vaincus

**Définition** Dans le cadre d'un rapport de force, le vaincu ne pourra faire autrement que de se plier à toutes les exigences du vainqueur.

**Origine** « Malheur aux vaincus » clôt la série des expressions liées à la prise de Rome par Brennus. Les Gaulois font le siège du Capitole depuis sept mois. L'une de leurs tentatives d'assaut a échoué à cause des oies et de Marcus Manlius, et les Romains s'ingénient à leur saper le moral en envoyant au-delà des murailles des provisions à peine entamées, laissant croire à leur profusion. Mais la situation devient critique, autant pour les Romains que pour les Gaulois : les deux camps sont menacés par la famine et décimés par les maladies. Aussi Brennus accepte-t-il de se retirer contre une rançon de 1000 livres d'or. Lorsque la balance est amenée, les Romains accusent les Gaulois d'avoir utilisé de faux poids pour truquer la pesée. Brennus y ajoute alors son épée et s'exclame sarcastiquement « *Vae victis* », « Malheur aux vaincus ». Mais le vainqueur, finalement, ne sera pas celui que l'on attendait : face au dictateur Camille arrivé en renfort, Brennus refuse de rendre l'or ; la bataille éclate, et cette fois la victoire sourit aux Romains.

PÉRIODE Antiquité
LIEU Sardaigne

# Un rire sardonique

**Définition** Rire de colère non exprimée, qui déforme le visage dans un rictus moqueur et méchant tout à la fois.

**Origine** Le rire sardonique apparaît chez Homère, qui le pose sur les lèvres d'Ulysse dans *L'Odyssée*. L'adjectif vient sans conteste de la Sardaigne, mais son origine est assez complexe. Selon de nombreux auteurs antiques, les Sardes auraient eu coutume de sacrifier leurs jeunes enfants, leurs prisonniers ou encore leurs vieillards, qui tous riaient au moment de leur supplice. Les enfants auraient été immolés en l'honneur de Cronos, les flammes dessinant une sorte de rictus sur leur visage. Les prisonniers auraient ri pour défier leurs bourreaux. Quant aux vieillards, selon une tradition commune à de nombreuses cultures antiques, rire devant la mort aurait facilité le passage des défunts dans l'au-delà. Certains auteurs rapportent néanmoins que la mort des vieillards aurait été provoquée par l'absorption d'« herbe sardonique » : le poison que celle-ci contient entraîne une crispation des muscles du visage, dessinant une grimace ressemblant à un rire. Cette plante neurotoxique est aujourd'hui identifiée comme étant l'œnanthe safranée, variété spécifiquement sarde.

PÉRIODE Antiquité
LIEU Grèce

# Se reposer sur ses lauriers

**Définition** Le laurier figure dans deux expressions similaires mais de sens légèrement différent. « Se reposer sur ses lauriers » signifie profiter d'un repos mérité suite à une entreprise couronnée de succès. « S'endormir sur ses lauriers », quant à elle, a une nuance péjorative : le repos s'éternise, et le vainqueur se contente de sa première gloire, sans chercher à réitérer son exploit, sa réussite ou sa victoire.

**Origine** Dans l'Antiquité, le laurier est l'attribut d'Apollon. Piqué par la flèche d'un Éros courroucé de se voir railler par lui, Apollon poursuit de ses assiduités la jeune nymphe Daphné, fille du fleuve Pénée. Mais celle-ci, rendue insensible à ses charmes par le même Éros, fuit dans une course éperdue. Alors qu'elle va être rattrapée, elle supplie son père de lui venir en aide. Celui-ci la transforme alors en laurier. Apollon décide d'en faire son arbre et orne de ses feuillages

persistants son front et ses armes. Les Grecs sont par ailleurs friands de joutes diverses, tout particulièrement sous la forme de concours et de jeux sportifs. À Olympie, où les jeux sont institués au VIIIe siècle av. J.-C., les vainqueurs sont couronnés de rameaux d'olivier. Aux jeux Isthmiques de Corinthe, la couronne est de pin, tandis qu'à Delphes, ville d'Apollon et cadre des jeux Pythiques (qui sont d'abord des concours de poésie), elle est faite de laurier. Dans le monde romain, la couronne de laurier reste le symbole des vainqueurs, dont ceignent leur front les généraux lors de leur défilé triomphal à Rome après leurs campagnes. Au Moyen Âge, elle est attribuée aux diplômés, ainsi qu'aux savants et poètes distingués pour leur talent. Aujourd'hui, le laurier orne la veste des académiciens.

PÉRIODE Antiquité
LIEU Rome

# Une chaleur caniculaire

**Définition** Par extension, la période à laquelle Sirius épouse le rythme solaire a pris le nom de « canicule ». Comme elle correspond à la période la plus chaude de l'année, une chaleur extrême est dite « caniculaire ».

**Origine** Sirius est l'étoile principale (et la plus brillante du ciel terrestre après le Soleil) de la constellation du Grand Chien, ou Chien d'Orion, chasseur émérite qui ne manque aucune proie. C'est pourquoi elle est aussi nommée « Canicule », du mot latin *canis* signifiant « chien ». Entre le 19-20 juillet et le 20-23 août, Sirius se lève précisément en même temps que le Soleil. Ce lever héliaque, rattaché à une mystique du renouvellement, a une importance majeure dans bon nombre de civilisations antiques. Le calendrier religieux égyptien commence ainsi théoriquement le jour du premier lever héliaque de Sirius. Pour les Romains, ce lever héliaque est associé aux deux grands incendies qui ont dévasté la capitale : celui perpétré par les Gaulois en 390 av. J.-C. et celui indûment attribué à Néron en 64 de notre ère. Enfin, certaines traditions chrétiennes font coïncider ce phénomène astronomique avec la naissance du Messie.

PÉRIODE Antiquité
LIEU Rome - Grèce

# Renvoyer aux calendes grecques

**Définition** Les « calendes grecques », comme le « 36 du mois » ou la « saint-glinglin », n'existant pas, y renvoyer c'est remettre à jamais l'accomplissement d'une tâche quelconque.

**Origine** Selon la tradition romaine, la création de Rome et celle de son calendrier seraient concomitantes. Néanmoins, c'est le calendrier pompilien, du nom du deuxième roi de Rome, Numa Pompilius (VIIe siècle av. J.-C.), qui s'impose jusqu'aux réformes de Jules César. Les mois comptent 29 ou 30 jours et sont divisés en trois périodes, « calendes », « nones » et « ides », correspondant aux principales phases de la Lune. Les autorités religieuses sont chargées chaque mois de préciser ces dates, de définir les jours fastes (ouvrables), néfastes (fériés) et comitiaux (jours d'assemblée). Le calendrier de Jules César, désormais solaire, conserve calendes, ides et nones. Les calendriers grecs suivent aussi le cycle lunaire, pondéré par certaines considérations solaires ; les mois de 29 ou 30 jours sont divisés en décades, le premier jour portant le nom de « néoménie ». Si lors de leurs conquêtes, les Romains ont imposé leur calendrier, les Grecs ont conservé le nom de leurs jours et mois. Point de calendes chez les Grecs !...

PÉRIODE Antiquité, popularisée au XXᵉ siècle
LIEU France

# C'est Byzance !

**Définition** Souligne l'aspect fastueux, luxueux de quelque chose.

**Origine** La ville de Byzance, actuelle Istanbul, a connu un destin hors du commun. Sa fondation mythologique, vers 600 av. J.-C., serait l'œuvre d'un certain Byzas, d'origine thrace, avec le soutien de colons grecs venus de la cité de Mégare. Située sur le détroit du Bosphore, elle occupe un point stratégique sur les routes du commerce, situation à l'origine de sa fortune. Convoitée par les Grecs, les Perses, les Macédoniens, puis par les Romains, l'empereur Constantin en fait, en 330, une ville impériale, qui finit par supplanter Rome, délaissée par les empereurs à partir du Vᵉ siècle. Puissance commerciale, siège politique de l'empire et siège religieux de la chrétienté d'Orient, Byzance, devenue Constantinople, rayonne. Les fastes des palais, des églises et de la liturgie orthodoxe marquent l'époque

> « Puissance commerciale, siège politique de l'empire et siège religieux de la chrétienté d'Orient, Byzance, devenue Constantinople, rayonne. Les fastes des palais, des églises et de la liturgie orthodoxe marquent l'époque médiévale. »

médiévale. Devenue Istanbul et capitale de l'Empire ottoman, la ville ne perd rien de son prestige. Byzance comme métaphore de l'opulence est sans doute d'un usage assez ancien. Mais sa première expression écrite se trouve sous la plume d'un auteur comique virtuose de la langue argotique, Fernand Trignol, qui prête à l'un de ses personnages une réplique prétendument tirée de *Lucrèce Borgia* de Victor Hugo. Dans le roman *Pantruche ou les mémoires d'un truand* (1946), le dénommé Rouquin, comédien de son état, doit en effet déclamer : « Quelle orgie ! Quel luxe ! Mais c'est Byzance ! » Nulle trace de cette expression chez Victor Hugo, faut-il le souligner ?

PÉRIODE Antiquité
LIEU Rome

# Regagner ses pénates

**Définition** Les « pénates » désignent la maison – variante antique et latine, pourrait-on dire, du « *home sweet home* » anglo-saxon.

**Origine** Les pénates sont étroitement associés à la fondation de la civilisation romaine. Selon les poètes grecs puis romains, Énée (fils du prince troyen Anchise et ancêtre des fondateurs de Rome, Romulus et Rémus) quitte sa ville de Troie après la victoire des Grecs. Il emporte avec lui les objets sacrés de sa patrie et, parmi eux, les pénates, divinités qu'il installe à Lavinium, cité fondée par ses soins à son arrivée dans la péninsule italienne. Devenue lieu de pèlerinage pour les magistrats romains, ces derniers y sacrifient à ces pénates ancestrales, dont le lieu de culte romain se situe sur le forum, dans le temple de Vesta, déesse du foyer. Ces dieux publics ont en effet également un rôle privé. Ils sont honorés dans le penus, lieu le plus intime, le plus retiré de la maison. Ils protègent la famille, lui assurant prospérité et sécurité. C'est semble-t-il Jean de La Fontaine, dans sa fable *Le Chat, la Belette et le Petit Lapin*, qui a popularisé les pénates, que la belette transporte dans le terrier de son compère lagomorphe.

PÉRIODE VIII$^{e}$ siècle av. J.-C.
LIEU France

# Verser une obole

**Définition** Consiste à faire don d'une petite somme, plus pour la forme que pour la valeur qu'elle représente.

**Origine** Hérodote, Aristote ou encore Pline l'Ancien ont attribué l'invention de la monnaie grecque à Phidon, roi d'Argos, cité grecque du nord-est du Péloponnèse, au VIII$^{e}$ siècle av. J.-C. Il n'en est rien, même si Phidon a été l'un des acteurs de l'apogée d'Argos, et sans doute à l'origine d'un système de mesures du poids de l'argent et de sa conversion dans les échanges. À Argos, des broches d'argent (à rôtir, et non des bijoux) ont été retrouvées dans des tombeaux et ont longtemps été considérées comme une forme de monnaie d'échange. Ces broches, « oboles » en grec ancien, pouvaient être regroupées en poignées (« drachmes »), étant ainsi à l'origine des termes monétaires grecs qui vont être repris dans la cité athénienne. L'obole athénienne correspondra ainsi à 1/6 de la drachme. Si ces théories sont aujourd'hui remises en question par l'archéologie, l'utilisation de l'obole a perduré en France durant l'Ancien Régime. Valant un demi-denier, elle est comme lui soumise aux fluctuations monétaires, devenant synonyme de « petite monnaie sans grande valeur ».

PÉRIODE Ier siècle av. J.-C.
LIEU Italie

# Franchir le Rubicon

**Définition** À l'instar de Jules César, « franchir le Rubicon » consiste à prendre, en toute connaissance de cause, une décision dont les conséquences risquent fort de s'avérer aussi lourdes qu'irréversibles. Par extension, l'expression peut signifier « passer outre un interdit ».

**Origine** En 60 av. J.-C., alors que Rome est soumise à des guerres civiles depuis plusieurs années, Crassus, Pompée et Jules César forment le premier triumvirat, déterminés à gouverner la République de Rome au nez et à la barbe du Sénat. Chacun des trois reçoit le gouvernement d'une région. Jules César s'installe en Gaule cisalpine (nord de l'Italie) et en profite pour faire la conquête de la « Gaule chevelue ». Crassus meurt lors de la bataille de Carrhes (Turquie) contre les Parthes en 53 av. J.-C. et Pompée est nommé consul à Rome. Celui-ci, jaloux du pouvoir et un brin suspicieux, a interdit à tout

« En 49 av. J.-C., après avoir prononcé son célèbre « Alea jacta est » (« Le sort en est jeté »), Jules César franchit le cours d'eau avec la XIIIe légion, au risque de déclencher une nouvelle guerre civile. »

général (mais c'est surtout Jules César qui est visé) de passer avec ses armées le Rubicon, petite rivière du nord-est de l'Italie. Le gouverneur de Cisalpine ne partage pas le point de vue de son ancien allié. En 49 av. J.-C., après avoir prononcé son célèbre *« Alea jacta est »* (« Le sort en est jeté »), il franchit le cours d'eau avec la XIIIe légion, au risque de déclencher une nouvelle guerre civile. Pompée s'enfuit de Rome avec ses propres troupes. Mais Jules César soumet l'Italie, puis l'Espagne, ralliée à Pompée, et enfin rejoint son adversaire en Thessalie, au nord-est de la Grèce. En août 48 av. J.-C., Pompée est défait lors de la bataille de Pharsale. Il meurt assassiné peu de temps après sa fuite en Égypte.

PÉRIODE IV$^{e}$ siècle av. J.-C.
LIEU Cos

# Le serment d'Hippocrate

**Définition** Le serment d'Hippocrate regroupe les règles morales de l'exercice de la médecine. Rendu obligatoire en France par l'édit royal de 1707, il a été actualisé en 1996.

**Origine** Hippocrate est un médecin grec dont la renommée remonte au temps même de son exercice. Originaire de l'île de Cos, contemporain de Platon, qui à plusieurs reprises vante ses mérites, cité aussi par Aristote, il parcourt la Grèce pour diffuser son savoir et soigner la population. Remarquable de longévité, puisqu'il serait mort à un âge avancé (entre 85 et 109 ans selon les sources), il semble avoir été récompensé maintes fois pour ses services rendus aux cités d'Athènes ou de Delphes. S'ils ne sont pas tous de la main du même homme, ni de la même époque, une soixantaine de textes médicaux d'influence hippocratique certaine nous sont parvenus. Parmi ceux-ci, on trouve le texte original du fameux serment qui deviendra la pierre angulaire de la déontologie médicale, imposant à la profession des devoirs tels que celui de soigner et de ne pas nuire, celui de respecter les lois sociales et morales, ou encore celui de garder le secret quant aux informations recueillies dans le cadre de la fonction.

**PÉRIODE** 53 av. J.-C.
**LIEU** Carrhes

# La flèche du Parthe

**Définition** Petite phrase assassine lancée en fin de conversation, telle une flèche décochée par un soldat parthe faisant mine de s'enfuir pour mieux frapper son adversaire.

**Origine** Au III^e siècle av. J.-C., les Parnes, originaires des plaines de la mer d'Aral, renversent le satrape de Parthie (province de l'Empire perse) et y implantent leur propre royaume sous la férule de leur souverain Arsace. Durant l'existence de celui-ci, jusqu'au début du II^e siècle, ils mènent des campagnes d'expansion contre les souverains perses, les cités grecques et les généraux romains. C'est le proconsul de Syrie, Crassus (triumvir avec César et Pompée), qui essuie la première défaite romaine à Carrhes en 53 av. J.-C. Ses légions de fantassins lourdement armés ne peuvent rien contre les cavaliers du général Suréna : archers émérites, ceux-ci fondent sur leurs adversaires, qu'ils criblent de flèches avant de repartir subitement. Disposant de plusieurs montures, ils peuvent ainsi harceler des heures durant leurs ennemis. Crassus finit par battre en retraite. Il est capturé par les Parthes et meurt exécuté, Suréna ordonnant que l'on coule de l'or fondu dans la bouche du proconsul pour railler sa cupidité.

PÉRIODE 44 av. J.-C.
LIEU Rome

# Tu quoque mi fili

**Définition** L'expression signifie « toi aussi mon fils », est parfois utilisée pour exprimer avec amertume la déception face à la trahison d'un proche, tout particulièrement dans le domaine politique.

**Origine** Aux Ides de Mars (c'est-à-dire le 15 mars dans le calendrier romain), en 44 av. J.-C., Jules César tombe, frappé de 23 coups de dague infligés par un groupe de conspirateurs mené par Marcus Junius Brutus et Caius Cassius Longinus. Ceux-ci craignent que César, auréolé de ses victoires militaires, ne renverse la république pour devenir roi. Selon Suétone, en s'effondrant, l'imperator aurait prononcé à l'adresse de Brutus un και σου τεχνον (*« kai sou technon »*, « toi aussi mon fils ») désabusé, en grec, sa langue naturelle, si ce n'est maternelle. L'expression *tu quoque mi fili* a en fait pris quelques chemins de traverse. Tout d'abord donc, elle est grecque à l'origine,

et non pas latine. De plus, Marcus Junius Brutus n'est en rien le fils adoptif de Jules César. Fils d'un honorable patricien mort à la guerre et de Servilia, maîtresse de César, élevé par deux de ses oncles, dont Caton d'Utique, arrière-petit-fils du grand orateur Caton, Brutus est certes le protégé de sa victime mais aucun lien biologique ni administratif ne les unit. Néanmoins, l'expression « mon fils », hier comme aujourd'hui, peut être utilisée de façon symbolique, au sens figuré d'héritier. La locution latine, enfin, est une création pédagogique que l'on doit à un abbé français du XVIIIe siècle : dans un ouvrage scolaire, afin d'illustrer le vocatif, cas latin servant à interpeller, c'est lui qui invente le *« tu quoque mi fili »*.

PÉRIODE 33
LIEU Jérusalem

# S'en laver les mains

**Définition** Ne pas se sentir concerné, refuser de prendre position, se désinvestir de ce qui pourrait advenir suite à telle ou telle prise de décision.

**Origine** Vers l'an 33 de notre ère, à la veille de Pessah (Pâque juive célébrant la sortie d'Égypte des Hébreux), Jésus de Nazareth vient à Jérusalem célébrer l'événement. Il se réunit avec ses disciples pour un repas, puis tous gagnent le jardin de Gethsémani. C'est là que des hommes armés viennent l'arrêter. Jésus est d'abord conduit devant le Sanhédrin, le conseil des autorités juives, dirigé par Caïphe. Celui-ci interroge Jésus, qui affirme être le fils de Dieu. Jugé coupable de blasphème, il est déféré devant le préfet romain Ponce Pilate. Ayant déjà fort à faire avec les troubles qui soulèvent régulièrement sa province, le préfet romain, par crainte d'une révolte, finit par se résoudre à donner satisfaction à la foule qui réclame la crucifixion de l'accusé – mais c'est tout en se lavant les mains que Ponce Pilate va accepter de livrer Jésus au supplice de la croix, se désolidarisant ainsi symboliquement de la volonté du peuple au travers de ce geste rituel de purification.

PÉRIODE Autour de 70
LIEU Rome

# L'argent n'a pas d'odeur

**Définition** Se montrer peu scrupuleux quant à l'origine plus ou moins douteuse de richesses que l'on possède, ou que l'on convoite.

**Origine** Une fois remportée la guerre civile qui oppose trois prétendants au trône après la mort de Néron, l'empereur Vespasien prend la tête de Rome, où il engage de nombreuses réformes. Si, selon Suétone, toutes sont heureuses et avisées, l'empereur va également s'illustrer par son appétit pour l'argent : il réinstaure des impôts autrefois supprimés, les alourdit et en invente de nouveaux. L'un d'eux est passé à la postérité au travers de deux expressions. Dans un souci louable de service rendu à ses concitoyens, l'empereur crée des urinoirs publics qui vont, en son honneur, porter le nom de « vespasiennes ». Mais cette innovation de salubrité publique va permettre un retour sur investissement : l'urine récupérée est collectée par les tanneurs pour l'ammoniaque qu'elle contient, et ces collectes sont taxées par Vespasien. Devant les froncements de sourcils et pincements de nez de son fils Titus, Vespasien lui tend quelques pièces et l'interroge sur leur fumet. Titus est obligé de reconnaître que « *pecunia non olet* », « l'argent n'a pas d'odeur ».

PÉRIODE 47 av. J.-C.
LIEU Zéla

# Veni, vidi, vici

**Définition** Souligne le caractère prompt et aisé d'une victoire expéditive, acquise dans quelque domaine que ce soit.

**Origine** Le royaume du Pont se trouve sur la rive sud du Pont-Euxin (mer Noire). Conquis par Alexandre le Grand, sa prospérité attise la convoitise de Rome et, en 63 av. J.-C., après la victoire de Pompée contre Mithridate IV, le Pont passe sous domination romaine. Mais en 48 av. J.-C., le roi du Bosphore Pharnace II attaque le royaume. Depuis un an, Rome est en proie à une guerre civile entre Pompée et Jules César. Les deux hommes, qui s'étaient entendus en 60 av. J.-C. pour former avec Crassus un triumvirat, s'affrontent désormais dans la plupart des provinces romaines du pourtour méditerranéen. En 48 av. J.-C., lorsque Pharnace envahit le Pont, César est en Égypte, après avoir vaincu les troupes de Pompée à Pharsale,

> Selon Plutarque, Jules César aurait employé cette expression dans une missive envoyée au Sénat pour l'informer de sa victoire.

en Grèce. Il envoie deux légions, menées par Domitius. La nouvelle de leur défaite à Nicopolis et du massacre des citoyens romains d'Amisus décide César à intervenir lui-même. La bataille décisive a lieu à Zéla, où il suffit de quelques heures à César pour mettre en déroute les troupes de Pharnace. La victoire est si rapide que César la résume en ces termes : « *Veni, vidi, vici* », « Je suis venu, j'ai vu, j'ai vaincu ». Selon Plutarque, Jules César aurait employé cette expression dans une missive envoyée au Sénat pour l'informer de sa victoire. Selon Suétone, elle aurait été inscrite sur une bannière portée lors du triomphe de César à Rome.

# MOYEN ÂGE

PÉRIODE 487
LIEU Soissons

# Souviens-toi du vase de Soissons

**Définition** Avertissement lancé à quelqu'un à qui il est prévu de faire payer ses actes, auprès de qui une vengeance va être exercée.

**Origine** L'histoire des premiers rois francs nous vient pour beaucoup de Grégoire, évêque de Tours. Il rédige à partir de 575 une Histoire des Francs, destinée à glorifier leur conversion au christianisme. En 486, alors qu'il succède tout juste à son père à la tête des Francs et n'est pas encore un bon chrétien, Clovis attaque Soissons, tenue par Syagrius, l'un des derniers représentants du pouvoir romain. Après la victoire franque, Clovis s'y installe pour mener ses opérations de pillage, en particulier des objets de culte, dont un vase. Grégoire de Tours en décrit sa grande valeur et sa beauté. Trois siècles plus tard, sans doute pour donner une puissance symbolique au geste de Clovis, Hincmar, évêque de Reims, attribue le vase à l'église

de Reims. Dans le récit de Grégoire, lors du partage des fruits de la rapine, Clovis demande à ses hommes de lui laisser le vase afin de le remettre à l'évêque spolié, qui, dans le texte d'Hincmar, n'est autre que saint Rémi. Mais l'un de ses soldats lui refuse cet honneur et brise le vase d'un coup de hache. Clovis en ramasse les morceaux et les remet à l'envoyé de l'évêque. Un an plus tard, alors qu'il passe ses troupes en revue et se trouve face à l'auteur de l'affront, il lui reproche sa tenue et lui confisque sa hache, qu'il jette au sol. Alors que le guerrier se penche pour la ramasser, Clovis le tue d'un violent coup de sa propre hache sur le crâne… en lui rappelant qu'il « en a ainsi traité le vase de Soissons ».

PÉRIODE Moyen Âge
LIEU France

# Convoquer le ban et l'arrière-ban

**Définition** De façon souvent ironique, c'est avoir invité l'ensemble de ses connaissances, même les plus lointaines.

**Origine** Le « ban » est un pouvoir de commandement qui a permis aux dynasties mérovingienne puis carolingienne d'asseoir leur pouvoir. Il leur confère le droit d'ordonner et de punir leurs sujets de façon exclusive, les plaçant sous leur autorité directe. L'un de ces droits est de lever l'ost, l'armée royale. Mais, à partir du IXe siècle, avec la division de l'Empire carolingien après la mort de Charlemagne, la puissance royale franque est ébranlée et le système féodal prend de l'importance. Le banage est morcelé entre chaque niveau de pouvoir. Des grands vassaux aux petits seigneurs, chacun dispose du droit d'assurer la justice, de prélever les impôts et les taxes, de convoquer les hommes pour les travaux et l'armée. La convocation pour l'ost royal devient ainsi d'une inextricable complexité. Pour remédier à ces inconvénients majeurs, et grâce à la reconstitution de la puissance royale au XIIe siècle, est créé l'arrière-ban. Celui-ci donne au roi le droit de lever directement des troupes auprès des arrière-vassaux, qui seront donc sous ses ordres.

PÉRIODE Moyen Âge
LIEU France

# Avoir un nom à coucher dehors

**Définition** Porter un patronyme difficile à écrire et à prononcer, un nom original et peu courant.

**Origine** Contrairement à une idée très répandue, les populations médiévales n'étaient pas plus sédentaires que de nos jours. Bien que leurs voyages fussent bien plus longs et périlleux qu'ils ne le sont aujourd'hui, les routes de France et d'Europe n'en étaient pas moins largement sillonnées. Aussi les auberges, relais et autres lieux de haltes témoignent-ils à cette époque d'une certaine méfiance quant à leur clientèle. Un nom à consonance étrangère ou mal prononcé exposait à se voir refuser l'entrée du gîte – et donc à devoir coucher… dehors.

Le problème s'est également posé de façon aiguë lors des guerres napoléoniennes. Afin de loger les soldats de la Grande Armée, celle-ci procédait à la réquisition de logements de particuliers, portant leurs noms et adresses sur des billets donnés aux soldats. Il pouvait s'agir de noms illisibles, compliqués : à défaut de pouvoir les déchiffrer, les soldats étaient alors condamnés à dormir dehors en dépit de leur billet de logement, ne sachant à quelle porte se présenter.

PÉRIODE Moyen Âge
LIEU France

# Entrer en lice

**Définition** S'engager dans une joute symbolique – un concours, une élection, un débat, une compétition sportive... – les concurrents ainsi « en lice » se préparant à l'affrontement, à l'image de chevaliers dans le cadre d'un tournoi.

**Origine** Les « lices » ont d'abord désigné les fortifications en bois qui ceignent les premiers châteaux forts. Ces mêmes palissades ont ensuite servi à entourer les champs dans lesquels se déroulent les tournois. Ceux-ci apparaissent au XIIe siècle. Ce sont alors des reproductions codifiées des batailles qui permettent aux jeunes chevaliers de montrer leurs qualités et aux princes de renforcer les liens de vassalité. Ils opposent des groupes de cavaliers armés de lances, choisis parmi les proches du roi, qui se jettent les uns sur les autres en une attaque frontale, la victoire allant à ceux qui capturent le plus

d'adversaires. Certains tournois engagent ainsi plusieurs milliers d'hommes sur un territoire délimité, durant une à deux journées et selon des codes fixés par l'autorité royale et par l'Église. Aux XIII$^{e}$ et XIV$^{e}$ siècles, le tournoi devient de plus en plus individuel, permettant à l'aristocratie chevaleresque de se distinguer. Apparaît alors la joute. Les lices, simples barrières qui délimitaient un champ ouvert, deviennent deux palissades séparant chacun des concurrents et forçant les chevaux à se faire face. L'enjeu est de désarçonner son adversaire, toujours par la puissance de la lance, face à un public de plus en plus nombreux. Le tournoi devient une fête dont les romans chevaleresques, qui font florès, vont largement se faire l'écho.

PÉRIODE Moyen Âge
LIEU France

# Baisser les bras

**Définition** Renoncer, abandonner.

**Origine** Deux origines possibles pour cette expression. La première remonterait au début du Moyen Âge, à une époque où l'ordalie gagne la chrétienté. Importée en Occident par les invasions barbares des IVe et Ve siècles, cette pratique permet d'éprouver la foi et surtout l'innocence des pratiquants. Elle se décline sous plusieurs formes : l'ordalie par l'eau froide ou bouillante consiste à immerger tout ou partie du corps du suspect, tandis que celle par le feu consiste à lui faire saisir un fer rouge à main nue. Si au bout de quelques jours la main présente des plaies, l'individu est coupable. C'est d'ailleurs de cette pratique que vient l'expression « en mettre sa main au feu » pour exprimer une certitude. L'ordalie de la croix quant à elle imite le supplice du Christ. Afin de déterminer le fautif lorsque plusieurs personnes sont impliquées, celles-ci doivent se tenir devant une croix, bras à l'horizontale. Le premier à baisser les bras est reconnu comme coupable. Le linguiste Alain Rey propose quant à lui une explication liée à la pratique de la boxe : en laissant tomber la garde, le pugiliste qui baisse les bras risque fort de perdre le combat.

PÉRIODE Moyen Âge
LIEU France

# Clouer au pilori

**Définition** C'est condamner, réprimander, désavouer violemment quelqu'un, tout en l'exposant à la réprobation de tous et à l'humiliation publique.

**Origine** Si, de tout temps, les hommes ont été friands de supplices et d'humiliation infligés à leur prochain, le Moyen Âge ne fut pas en reste. Les épreuves de la question, qu'elle soit judiciaire ou religieuse, sont passées à la postérité. Les ordalies par l'eau ou le feu ou les écartèlements font partie des représentations habituelles de la torture. Parmi les châtiments, il en est qui repose moins sur la souffrance physique que sur la douleur morale. C'est le cas du pilori. Dans sa version rudimentaire, il s'agit d'un pieu de bois ou d'une colonne en pierre à laquelle le condamné est lié, aux yeux de tous. Le pilori de Paris, construit sous Saint Louis, est ainsi installé sur la place du marché. Plus sophistiqué, il est constitué d'une tourelle à un étage, ouverte sur l'extérieur. À l'intérieur, une poutrelle tourne sur elle-même en deux heures et porte en son milieu un carcan dans lequel le coupable passe ses mains et sa tête. Il est ainsi exposé aux quolibets et aux jets de détritus divers, en particulier les jours de marché.

PÉRIODE Moyen Âge
LIEU France

# Être adoubé

**Définition** Être reconnu par une autorité supérieure en tant que membre légitime et méritant d'une communauté, principalement politique. Sa position au sein de la communauté se trouvant ainsi officiellement renforcée, celui qui a été distingué par cet adoubement se voit souvent considéré comme l'héritier naturel ou le porte-parole d'un mouvement, d'une idéologie, d'un courant.

**Origine** Le mot « adoubs », que l'on retrouve dans la *Chanson de Roland*, poème épique de la fin du XI$^{e}$ siècle, désigne l'ensemble de l'équipement d'un chevalier : le haubert (cotte de maille), le bouclier et le heaume (casque). Un homme adoubé est donc à l'origine un guerrier à cheval disposant de toutes ses armes et armure. Les premiers « adoubements » sont réduits à la plus simple expression : il s'agit d'honorer un guerrier vaillant en lui remettant un équipement

personnel, sans autre forme de cérémonie. Au cours du XIIe siècle, cette remise revêt un caractère plus solennel. Elle est non seulement une reconnaissance militaire mais également sociale. D'abord rite de passage de la jeunesse vers l'âge adulte, c'est ensuite l'accession à un rang social et juridique, celui de chevalier. L'adoubement prend une tournure fastueuse, devenant ainsi de plus en plus élitiste. Seuls les nobles ont à la fois la qualité et les moyens de le célébrer. De même, alors que jusqu'à la fin du XIIe siècle tout seigneur ou chevalier peut en adouber un autre, ce privilège se restreint aux rois ou aux princes. Peu à peu, la préparation militaire s'accompagne d'une initiation religieuse, la chevalerie incarnant à la fois des valeurs profanes, comme le courage ou la force, et spirituelles, comme la défense de la foi.

PÉRIODE Moyen Âge
LIEU France

# Gagner ses éperons

**Définition** Il en est des éperons comme des galons ou des échelons : « gagner ses éperons » signifie « atteindre un rang supérieur », socialement ou professionnellement.

**Origine** À l'aube de la chevalerie, l'adoubs, l'équipement de combat fourni lors de la cérémonie d'adoubement, est constitué de l'armure, protection indispensable pour espérer survivre sur un champ de bataille, et de l'épée. Au fil du temps et de l'importance croissante de la chevalerie, les jeunes promus, après une longue formation physique et morale, reçoivent lors de la cérémonie, outre armes et armure, une paire d'éperons. Celle-ci symbolise à la fois le droit de posséder et de dresser des chevaux. D'abord simples boules surmontées d'une pique qui pouvaient être cousues au talon des chaussures, les éperons deviennent plus tranchants, afin de traverser l'épaisseur des caparaçons. La tradition de remise des éperons a perduré bien après le déclin de la chevalerie puisqu'elle est un des éléments de l'ordo du sacre royal. Jusqu'à Louis XVI, la cérémonie s'ouvre sur un adoubement symbolique : le roi reçoit l'épée et les éperons d'or, faisant de lui un chevalier au service de l'Église et de Dieu.

PÉRIODE 798
LIEU Tours

# Vox populi, vox dei

**Définition** Contrairement au contexte originel de son emploi, aujourd'hui l'expression « vox populi, vox dei » est plutôt invoquée pour affirmer la suprématie de la voix du peuple, et la nécessité, pour qui détient le pouvoir, de tenir compte de celle-ci.

**Origine** Alcuin, diacre et maître de cours de l'école épiscopale d'York, croise en 780 la route de Charles, roi des Francs, lors d'un voyage à Rome. Celui-ci détourne à son profit le talentueux penseur et en fait le maître de l'école palatine à Aix-la-Chapelle, sa capitale. Alcuin devient le principal initiateur de la renaissance carolingienne. Tout en réformant l'administration, instruisant les grands dignitaires et leur progéniture, il est l'intime de Charlemagne, à la fois son maître, son confident et son conseiller. À partir de 796, le « précepteur de l'Occident » s'établit à Saint-Martin-de-Tours, prestigieuse abbaye que lui confie Charlemagne pour en assurer le renouveau. C'est dans l'une de ses lettres à l'empereur, datée de 798, qu'il écrit : *« Selon les lois divines, le peuple doit être conduit et non suivi. [...] Et il ne faut pas écouter ceux qui disent "vox populi, vox dei", car l'agitation bruyante du peuple est toujours proche de la folie. »*

PÉRIODE 1209
LIEU Béziers

# Tuez-les tous, Dieu reconnaîtra les siens

**Définition** L'expression est employée comme métaphore d'une opération radicale et expéditive, pour laquelle on s'autorise, la fin justifiant les moyens, à faire fi d'éventuels « dommages collatéraux ».

**Origine** Le catharisme, considéré comme une hérésie par l'Église catholique, apparaît au XI^e^ siècle dans le nord de l'Italie. Désireux de revenir à la pureté et à la simplicité des premières communautés chrétiennes, ses disciples tentent de suivre au plus près le Nouveau Testament et refusent les rites et sacrements catholiques. Le catharisme gagne aussi bien les milieux ruraux que les populations les plus aisées des cités languedociennes, comme Toulouse, Béziers ou Albi. C'est de cette dernière que vient le surnom d'« Albigeois » donné aux cathares. La situation, pour le pouvoir religieux comme royal, devient critique lorsque les élites politiques se convertissent ou assu-

> « Les chroniqueurs de l'époque sont unanimes : il s'agit d'une « grande boucherie », tous ses habitants sont égorgés, « du plus petit au plus grand », sans distinction. »

rent de leur protection les hérétiques. C'est le cas de Raymond VI, comte de Toulouse. Lorsqu'en 1208 le pape Innocent III lui envoie son légat, Pierre de Castelnau, il refuse sa proposition de croisade contre les Albigeois. Mais celle-ci est déclarée lorsque le légat, de retour de mission, est assassiné. Le 22 juillet 1209, l'armée croisée s'empare en quelques heures de la ville de Béziers. Les chroniqueurs de l'époque sont unanimes : il s'agit d'une « grande boucherie », tous ses habitants sont égorgés, « du plus petit au plus grand », sans distinction. C'est le moine cistercien, Césaire de Heisterbach, qui rapporte qu'Arnaud Amaury, légat du pape et futur abbé de Cîteaux, aurait lancé à ses troupes le mot d'ordre : *« Tuez-les tous, Dieu reconnaîtra les siens »*.

PÉRIODE Moyen Âge
LIEU France

# Taillable et corvéable à merci

**Définition** Personne exploitée à outrance pour effectuer des tâches ingrates.

**Origine** La taille et la corvée font partie intégrante du système seigneurial qui se met en place à partir du Xᵉ siècle. La première est d'abord destinée à entretenir l'armée. À l'origine prélevée par le seigneur pour son propre compte, son montant comme sa régularité sont arbitraires. Devenu impôt royal et annualisé, sont soumis à la taille les détenteurs de « tenure », parcelles de la seigneurie confiées à des familles pour en assurer l'exploitation. La corvée quant à elle est un impôt seigneurial. Impôt en nature et non en numéraire, elle consiste à effectuer des travaux d'entretien des infrastructures communes : routes ou bâtiments banaux. Souvent détournée au profit du seigneur, elle ne concerne pratiquement que les serfs, qui dépendent de celui-ci. Les nobles, le clergé, les paysans libres et les habitants des villes sont donc exemptés de ces impôts. De plus, les liens de dépendance dans lesquels se trouvent les contribuables autorisent le seigneur comme le roi à exiger taille et corvée « jusqu'à la merci ». Il faut attendre la Révolution pour voir ces deux impôts disparaître.

PÉRIODE Moyen Âge
LIEU France

# Frapper d'estoc et de taille

**Définition** Lorsque l'on frappait « d'estoc et de taille » il s'agissait, au sens figuré, de toucher son adversaire par tous les moyens et toute la force possible.

**Origine** L'armement offensif médiéval se divise en trois catégories principales. Les armes de masse d'abord sont destinées à écraser diverses parties anatomiques. Les armes d'hast sont remarquables par la longueur de leur hampe, comme la lance ou la hallebarde. Enfin, épées, dagues, sabres sont des armes d'estoc et/ou de taille. Une arme d'estoc est destinée à infliger à l'ennemi des blessures avec la pointe, par pénétration, tandis que la « taille », le tranchant de l'arme, écrase ou tranche. Si l'épée est souvent associée à l'expression « d'estoc et de taille », elle ne remplit pas toujours cette double fonction. Jusqu'au XIIe siècle, elle est seulement arme de taille : ses deux tranchants se terminent par une extrémité arrondie. Puis elle s'allonge, et son pommeau élargi permet de la tenir à deux mains. L'épée lourde sert à porter de violentes « estocades » tandis que les plus légères permettent des frappes de taille plus aisées. Les chevaliers disposent de plusieurs épées, en fonction de ces différents usages.

PÉRIODE 1328
LIEU France

# Qui m'aime me suive

**Définition** L'expression est utilisée dans des situations où la raison et les explications ne suffisent pas à convaincre, l'adhésion ne pouvant être emportée qu'en jouant sur le registre de l'affect et de l'émotion, ou sur celui de la confiance et de la loyauté.

**Origine** En 1323 éclate la grande révolte de la Flandre maritime. Celle-ci couve depuis plusieurs décennies à la faveur d'un climat politique et social tendu. Des élites bourgeoises citadines émergent grâce au développement de l'industrie textile, pendant que le pouvoir comtal et royal français se renforce. Les crises économiques précipitent le conflit entre des villes comme Bruges ou Ypres et Louis de Nevers, le jeune comte de Flandres. Dans le même temps, la France connaît une crise dynastique : les trois fils de Philippe IV le Bel sont morts, la régence est assurée par leur cousin, Philippe de Valois, en

« En 1328, Louis de Nevers fait appel à Philippe VI pour lui porter secours face à la révolte flamande, le roi de France y voit l'occasion de s'y illustrer. »

attendant la naissance d'un possible héritier mâle de l'épouse du dernier capétien défunt, Charles IV. L'enfant est une fille, Philippe de Valois est sacré à Reims en mai 1328. Mais il ne fait pas l'unanimité. Le roi d'Angleterre, Édouard III, est également le petit-fils de Philippe le Bel : une partie de la noblesse fait donc valoir son droit à la couronne. Lorsqu'en 1328 toujours, Louis de Nevers fait appel à Philippe VI pour lui porter secours face à la révolte flamande, le roi de France y voit l'occasion de s'y illustrer. Mais ses grands vassaux se montrent assez réticents et lui conseillent l'attente. Le connétable Gaucher de Châtillon se range aux côtés du roi, qui aurait lancé un *« Qui m'aime me suive »*. Son exclamation a semble-t-il eu l'effet euphorisant escompté, puisque le 23 août 1328 les armées de l'ost royal écrasent les insurgés flamands à la bataille de Cassel.

PÉRIODE XIe siècle
LIEU France

# Une cote mal taillée

**Définition** C'est un compromis qui ne satisfait aucune des deux parties.

**Origine** Point de côte ou de cotte mal taillées. Il ne s'agit pas d'une pente mal aménagée (ni d'un os mal arrangé) ou d'un habit que les ciseaux du tailleur auraient mal coupé. La cote ici désigne la part d'impôt que doit payer tout contribuable. La taille est l'un d'eux. Elle apparaît dans le dernier quart du XIe siècle, prenant à l'origine la forme d'un impôt exceptionnel, d'un montant totalement arbitraire, prélevé par le seigneur selon ses besoins. Elle devient annuelle près d'un siècle plus tard et s'applique d'abord à ceux qui travaillent une parcelle de terre appartenant au seigneur. Enfin, au XIVe siècle, c'est un impôt royal. C'est désormais le Conseil du roi qui en fixe le montant, et celui-ci est réparti par les différents échelons des communautés jusqu'aux foyers imposables. Ceux-ci le sont normalement en fonction de leur richesse, mais les malversations sont nombreuses : les nobles parviennent souvent à y échapper, tandis que les richesses réelles de nombreux foyers sont surestimées. La cote (ou « quote ») de la taille est donc fréquemment très mal évaluée.

PÉRIODE XII$^{e}$ siècle
LIEU Belgique

# Avoir le béguin

**Définition** Éprouver une attirance certaine – voire une passion vive mais passagère – pour quelqu'un ou quelque chose.

**Origine** Le « béguin » est d'abord une coiffe portée par des religieuses appartenant à un béguinage. Ce mouvement naît au XII$^{e}$ siècle à Liège sous le patronage du prêtre Lambert le Bègue. Un béguinage est une communauté laïque regroupant des femmes (célibataires ou veuves) qui, tout en menant une vie pieuse, assurent leur vie en travaillant. Elles suivent la règle de saint François d'Assise, mais ne prononcent pas de vœux, restant ainsi dans le monde et non retirées de celui-ci. Elles se reconnaissent par leur voile noué sous le menton. Ce béguin, que portent également les petits enfants tout juste baptisés, s'est ensuite associé à la coiffe et à la tête en général. « Être coiffé/toqué de quelqu'un » signifiait perdre toute raison, soulignant ainsi l'importance de la tête dans le sentiment amoureux, qui la prend tout entière ou la fait perdre. Dès le XVI$^{e}$ siècle, avoir une idée fixe en tête se disait « embéguiner » et « mettre son béguin à l'envers » était la marque d'un certain trouble, amoureux parfois...

PÉRIODE 1356
LIEU Poitiers

# Père, gardez-vous à droite, père, gardez-vous à gauche

**Définition** Plus proche de la citation célèbre que d'une véritable expression au sens propre du terme, les mots prêtés au jeune Philippe demeurent précieux pour qui cherche à exprimer, de manière émouvante et imagée, les valeurs de courage et de dévouement filial.

**Origine** Les relations entre la France et l'Angleterre sont, au Moyen Âge, pour le moins tendues. À partir du XII$^{e}$ siècle, les mutations de la société féodale, l'émergence de l'idée de nation et, par là, du nationalisme, les rivalités politiques et territoriales exacerbées par la question dynastique lors de la mort de Charles IV de France vont être à l'origine de la guerre de Cent Ans. La première grande bataille qui oppose les deux royaumes est celle de Crécy en 1346, suivie du siège et de la prise de Calais en 1347, toutes deux victoires anglaises. En 1356, Jean II, dit « le Bon », a succédé à son père, Philippe VI, vain-

cu à Crécy – tandis que le roi d'Angleterre, Édouard III, est toujours sur le trône. Son fils, Édouard de Woodstock, surnommé « le Prince noir », a débarqué en France en 1355 et entreprend une série de chevauchées afin d'imposer le pouvoir anglais, tant dans ses terres continentales (comme l'Aquitaine) qu'auprès de son voisin et adversaire français. Alors que le Prince noir remonte de Bordeaux vers la Loire, le roi de France décide d'intervenir. Les deux armées se rencontrent à Maupertuis, près de Poitiers, le 19 septembre 1356. Sur le champ de bataille, le jeune Philippe, quatrième fils de Jean II, âgé de 14 ans, se bat aux côtés de son père et le protège par son avertissement : *« Père, gardez-vous à droite, père, gardez-vous à gauche. »* Malgré cela, Jean II est fait prisonnier, et son fils aîné, Charles V assure la régence. Philippe quant à lui accède au titre de duc de Bourgogne sept ans plus tard et, sous le qualificatif de « Hardi » acquis à Poitiers, fonde un État puissant, bientôt rival de la France.

PÉRIODE XII^e siècle
LIEU Paris

# Faire grève

**Définition** Utilisée comme moyen de pression afin de faire valoir des revendications d'ordre salarial, social ou moral, la « grève » est une action collective caractérisée par une cessation du travail.

**Origine** La fréquentation de la place de Grève, aujourd'hui place de l'Hôtel-de-Ville à Paris, remonte au XII^e siècle. Les bourgeois négociants de Paris obtiennent du roi Louis VII (père de Philippe Auguste) la jouissance de cette place en bord de Seine, déclarée inconstructible par charte royale. Nommée « place de Grève » en raison de la plage qui la borde, elle est à la fois lieu de fêtes offertes par les notables de la ville et lieu de commerce. Les bateaux y accostent, débarquant leurs cargaisons de vivres, de vin et de matériaux comme le bois ou le charbon. Des marchés et des halles s'y tiennent, permettant un premier échange de marchandises. Comme sur tous les ports, de nombreux hommes viennent y vendre leur force de travail auprès des marins ou des marchands, pour décharger et transporter les cargaisons. « Faire grève » a donc d'abord signifié « être à la recherche d'un emploi ». Cette inactivité subie est, au fil des siècles, devenue un acte volontaire d'arrêt du travail.

PÉRIODE 1344
LIEU Grande-Bretagne

# Honni soit qui mal y pense

**Définition** Honte à celui qui voit le mal dans telle action ou telle parole.

**Origine** Si Édouard III est le grand rival de Philippe VI pour la couronne de France, et que tous deux sont les premiers protagonistes de la guerre de Cent Ans, le souverain anglais ne néglige pas pour autant les divertissements et les amours. Parmi ceux-ci figure l'épouse de l'un de ses plus fidèles vassaux, la comtesse de Salisbury, avec qui le roi vit une idylle passionnée. Lors d'une fête au château de Windsor, alors qu'il danse avec sa maîtresse, la dame perd malencontreusement l'une de ses jarretières (qui ne se portaient pas encore en haut de la cuisse, mais retenaient les bas en dessous du genou). Le roi la ramasse, sous les regards entendus des invités qui, au courant des tendresses royales, n'en pensent pas moins. Édouard III leur répond par un « *honni soit qui mal y pense* » dont il fait la devise, en 1348, du nouvel ordre de la Jarretière. En hommage à sa dame, ou pour reprendre une tradition ancienne consistant à honorer ses plus fidèles vassaux, l'ordre de la Jarretière, ruban bleu et or porté à la cuisse, récompense les 24 meilleurs serviteurs du souverain.

PÉRIODE XIVe siècle
LIEU France

# Vendre son âme au diable

**Définition** Cela consiste à renier ses valeurs, sa dignité, dans l'espoir d'obtenir un bénéfice quelconque en contrepartie.

**Origine** Dans la *Bible*, le mal est d'abord représenté sous diverses formes, incarnation de la tentation ou anges déchus. Ce n'est que dans le livre de Job qu'il est identifié en tant que personne sous le nom de Satan. Ce terme désigne habituellement dans la *Bible* un adversaire. Devenu nom propre, c'est un ange, chargé de faire respecter la justice divine sur Terre, mais qui fait preuve d'hostilité envers les hommes dans leur marche vers le Seigneur. Par la ruse, il s'ingénie à les faire douter de l'amour et de la confiance divine. Si le démon n'inquiète guère l'Église jusqu'au XIVe siècle, en 1326, une bulle du pape Jean XXII dénonce tout commerce avec le diable. Dans la société médiévale, qui repose sur le pacte féodal, le pacte avec le diable

devient le modèle d'association entre humains et Satan. Parmi ses tours, ce dernier offre désormais à ses victimes (consentantes) des pouvoirs ou la réalisation de vœux en échange de leur âme. Ces pactes, qui font trembler l'Église au XVe siècle et provoquent la chasse aux sorciers, sorcières et autres mages nécromanciens, sont également un sujet fécond pour la littérature, depuis *Le Miracle de Théophile* de Rutebeuf, pièce dans laquelle Théophile, dans la misère, consent à renier sa foi en échange de richesses, jusqu'à Gœthe et son Faust, vieux savant qui vend son âme à Méphistophélès pour pouvoir vivre une deuxième jeunesse de débauche.

PÉRIODE XIV^e siècle
LIEU France

# Jurer comme un templier

**Définition** Qu'il s'agisse de « boire » ou de « jurer comme un templier », ces deux expressions désignent des mœurs grossières.

**Origine** Après que la première croisade (entre 1096 et 1099), qui s'est conclue par la prise de Jérusalem par les croisés, a ouvert la route des pèlerinages en Terre sainte, deux chevaliers français, Hugues de Payns et Geoffroy de Saint-Omer, fondent en 1119 l'ordre des Pauvres Chevaliers du Christ. Celui-ci, établi à Jérusalem dans une partie du temple de Salomon, a pour vocation de venir en aide aux voyageurs. L'ordre, devenu ordre du Temple, obtient la reconnaissance du pape Innocent II en 1139 et se développe rapidement grâce à un certain nombre de privilèges. En Occident comme en Orient, il acquiert des terres, se voit gratifié de donations et regroupe de plus en plus de chevaliers attirés par cette vie à la fois monastique et guerrière. L'expression semble apparaître au XIV^e siècle, alors que le très puissant ordre du Temple a été démantelé par Philippe le Bel. Il est sans doute alors de bon ton de se moquer de cet ordre déchu, constitué avant tout d'hommes de guerre dont le raffinement n'était probablement pas la qualité première.

PÉRIODE 1450
LIEU Bourges

# À cœur vaillant rien d'impossible

**Définition** L'expression est assez transparente : avec un peu de courage, tout est possible.

**Origine** En 1418, le futur Charles VII fuit Paris et installe la nouvelle capitale du royaume à Bourges, où vit Jacques Cœur. Celui-ci se marie en 1420 avec la petite-fille d'un maître de monnaie. Il devient fermier des Monnaies puis maître à son tour. Bailleur de fonds du roi grâce à sa politique d'assainissement monétaire, à la création de la taille permanente et surtout grâce à sa fortune personnelle, le grand Argentier profite de sa situation privilégiée pour développer son commerce. Richissime, il rachète les terres des seigneurs ruinés par la guerre et fait édifier un palais somptueux à Bourges. Achevé en 1450, il fait inscrire sur sa façade sa célèbre devise. Il n'en profitera pas longtemps, mais ne la fera pas mentir. S'étant attiré nombre d'inimitiés parmi les puissants, il est accusé d'avoir empoisonné Agnès Sorel, la maîtresse du roi. Arrêté en 1451, il est blanchi mais reste en prison pour ses manigances financières. Il s'évade en 1454 et se réfugie à Rome. En 1455, il entreprend une expédition pour soutenir les chevaliers chrétiens de Rhodes contre les Turcs. Il meurt à Chios.

PÉRIODE 1485
LIEU Angleterre

# Mon royaume pour un cheval

**Définition** C'est à William Shakespeare, auteur de l'époque élisabéthaine, que revient la paternité de l'expression. Dans sa pièce Richard III, écrite en 1592, il reprend l'image d'un roi tyrannique et usurpateur, poussé par la démence et la vanité à renier son royaume dans l'espoir de sauver sa vie.

**Origine** En 1483, à la mort de son frère Édouard IV, Richard assure la régence du royaume d'Angleterre. À peine désigné tuteur de son neveu, le jeune Édouard V, il fait éliminer les partisans de sa belle-sœur, la reine Elizabeth, et enfermer dans la tour de Londres Édouard V et son frère, Richard de Shrewsbury. Malades ou assassinés, les deux enfants n'en sortiront pas vivants. Richard III est proclamé roi le 26 juin 1483. Représentant la maison d'York, il fait face dès le début de son règne, comme son frère avant lui, à l'hostilité des

Lancastre. Si Édouard IV était parvenu à mettre un terme à cette « guerre des roses », l'avènement de Richard III, qui mécontente nombre de grands vassaux, réactive le conflit. Son principal adversaire est Henri Tudor. Le 22 août 1485, les deux camps s'opposent lors de la bataille de Bosworth. Richard III, trahi par l'un de ses vassaux, meurt au combat. Tombé de son cheval, enlisé dans la boue, il a le crâne et le bassin fracassés à coups d'épée, de hallebarde et de couteau. Henri Tudor monte sur le trône sous le nom d'Henri VII, et la nouvelle dynastie, à laquelle appartiennent Henri VIII et Elizabeth I^re^, va perpétuer l'image d'un Richard III sanguinaire, dont les Tudor ont délivré le royaume.

PÉRIODE XIVe siècle
LIEU France

# Être sur la sellette

**Définition** L'expression première, attestée à partir de 1326, a été « mettre quelqu'un sur la sellette », ce qui consiste à procéder à un interrogatoire déstabilisant. Aujourd'hui, si cette acception perdure, la forme réduite « être sur la sellette » la complète depuis 1630. Et celui qui se trouvait autrefois sur ce petit siège inconfortable est désormais soumis à un examen critique, voire inquisiteur.

**Origine** Du latin *sella*, « siège », agrémenté du plaisant diminutif -ette, la sellette est d'abord un petit escabeau de bois destiné à aider les personnes estropiées à se déplacer. Également fort commode comme siège, il devient un instrument d'humiliation. Dans les tribunaux médiévaux, les accusés contraints d'y prendre place se trouvent ainsi dominés par leurs juges, dans une position propice à délier la langue des coupables potentiels. Sous l'Ancien Régime, une distinction entre personnages de haut rang et humbles apparaît peu à peu. Les premiers ont droit à une « escabelle », qui ne les met pas en position d'infériorité, tandis que les gens du commun conservent l'infâmante sellette. Il faut attendre la veille de la Révolution pour que Louis XVI décide de mettre un terme à cette « flétrissure ».

PÉRIODE XVIe siècle
LIEU France

# À tire-larigot

**Définition** L'expression, après n'avoir concerné que le fait de s'abreuver, signifie aujourd'hui « en grande quantité », dans quelque domaine que ce soit.

**Origine** L'origine précise de cette expression populaire est difficile à établir. Elle ne se rapporte d'abord qu'à la boisson, en excès. On « tirait » sur la bouteille comme on la tète ou la biberonne. Le mot « larigot » quant à lui désigne d'abord une petite flûte – et c'est dans ce sens qu'on le retrouve dans les œuvres littéraires et poétiques, de Pierre de Ronsard à Christine de Pisan – puis, par dérivation, une sorte de verre. Pour certains linguistes, il s'agit de la déformation du nom d'une énorme cloche de la cathédrale de Rouen, offerte à la ville au XIIIe siècle par l'archevêque Eude Rigaud, ce qui lui vaut le surnom de « Rigaud » (les cloches ayant toutes un nom de baptême). Si la première explication paraît correspondre à une métaphore plus évidente de la bouteille que la seconde, le maniement de la lourde cloche pouvait tout autant donner soif. La flûte « sifflée » en une lampée, les flûtistes comme solides ripailleurs, ou bien sonneurs étanchant leur soif, qui boit « à tire-larigot » boit beaucoup et à grandes goulées.

PÉRIODE XVI$^{e}$ siècle
LIEU France

# Tenir des comptes d'apothicaire

**Définition** Faire des calculs alambiqués, exagérément complexes, précis et détaillés, parfois dans un but frauduleux (la complexité de la procédure rendant le résultat difficile à vérifier).

**Origine** Le mot d'origine grecque « pharmacie » existe depuis l'Antiquité pour désigner un médicament ou l'art de les préparer. En revanche, le terme de « pharmacien » ne s'impose pas aisément car il ne s'agit pas encore d'une profession à part entière. Entre les médecins qui fabriquent eux-mêmes leurs décoctions, les cueilleurs de plantes qui les revendent ensuite à toutes sortes de magiciens ou de sorciers, ou encore les boutiquiers qui se contentent de les écouler, il existe de nombreux vocables pour désigner ceux qui pratiquent ou contribuent à la « pharmacie ». C'est sans doute à partir du XIII$^{e}$ siècle que l'« apothicairie » (mot grec signifiant « lieu de

dépôt ») désigne l'échoppe où l'on vend les ingrédients destinés à la préparation de potions, et l'« apothicaire », son propriétaire. Jusqu'au XVIIe siècle, celui-ci n'a pas bonne réputation. Il n'y a en effet pas loin du guérisseur à l'empoisonneur, et les médecins ne voient pas toujours d'un très bon œil la concurrence de ces apothicaires qui n'hésitent pas à établir leurs propres ordonnances. Ils manipulent avec moult précautions des substances étranges qu'ils pèsent au gramme près et dont le prix est souvent prohibitif : il n'en faut guère plus pour les rendre suspects. Leurs factures sont compliquées, difficilement vérifiables par des clients qui ignorent tout de la science pharmaceutique, aussi l'apothicaire est-il souvent l'incarnation du trompeur, voire de l'escroc.

# TEMPS MODERNES

PÉRIODE 1588
LIEU Angleterre

# Une invincible armada

**Définition** Au sens propre, cette expression désigne une troupe nombreuse et puissante. Dans sa tournure ironique, elle désigne une force qui se prétend toute-puissante et qui pourtant se retrouve mise à mal, au point d'essuyer un échec aussi cuisant qu'inattendu.

**Origine** L'Espagne du XVIe siècle est un royaume catholique. Philippe II, qui le dirige, est également à la tête du Portugal. Il est d'abord marié à Mary Tudor, la fille d'Henri VIII, fondateur de l'Église anglicane. Marie Ire règne sur l'Angleterre de 1553 à 1558 et y réinstaure le catholicisme. Mais, à sa mort, sa demi-sœur Élisabeth Ire renoue avec le protestantisme et fait exécuter Mary Stuart, reine catholique d'Écosse, prétendante au trône d'Angleterre. En représailles, Philippe II arme au printemps 1588 une flotte (armada en espagnol) de 150 galères de combat et 350 vaisseaux de transport, et

embarque près de 100 000 soldats, qui doivent s'emparer de Londres. Mais la Grande y Felicisima Armada essuie son premier revers en Espagne, à Cadix, face au capitaine britannique Francis Drake. Le périple jusqu'aux côtes anglaises est long, laissant tout le temps à ses adversaires de se préparer. L'accueil, en juillet 1588, est vigoureux, et la bataille de Gravelines est assortie d'une tempête qui achève de défaire la flotte espagnole. En septembre 1588, seuls 67 bâtiments regagnent l'Espagne. Lord William Cecil Burghley, Grand Trésorier d'Angleterre, ironise alors dans un pamphlet relatant la défaite espagnole : « *Ainsi se termine le récit des infortunes de l'Armada espagnole qu'ils avaient coutume de dire "invincible".* »

PÉRIODE XVe siècle
LIEU Italie

# C'est la croix et la bannière

**Définition** Au XVIIIe siècle, « il faut mettre la croix et les bannières » a d'abord signifié « être contraint de mettre les formes » pour obtenir satisfaction. Aujourd'hui, « c'est la croix et la bannière ! » caractérise une tâche particulièrement ardue.

**Origine** L'expression de la dévotion revêt diverses formes, des plus humbles, comme la prière, aux plus démonstratives, comme les processions. Cette ancienne tradition païenne, destinée à concilier nature et humanité, est reprise par les religions monothéistes à des fins expiatoires ou de communion. Les premières processions chrétiennes commémorent la Semaine sainte. Elles gagnent l'Occident au Moyen Âge, célèbrent plusieurs moments du calendrier liturgique et s'étendent au culte marial, à celui des saints et de leurs reliques. Au fur et à mesure que leur importance s'accroît, les processions deviennent l'occasion pour les pouvoirs religieux et politiques de montrer leur puissance aux yeux du public. Si la croix ouvre invariablement le cortège, les bannières quant à elles représentent les corps présents, religieux ou civils. Plus le défilé est important, plus son ordonnancement, qui doit respecter les ordres de préséance, devient complexe.

PÉRIODE XVe siècle
LIEU Allemagne - Italie

# C'est un chemin de croix

**Définition** Épreuve particulièrement pénible à supporter.

**Origine** La célébration des épisodes de la Passion du Christ date du Moyen Âge ; il s'agit alors de dévotions à la Vierge pleurant son enfant ou aux plaies du Christ crucifié. À partir du XIVe siècle, les franciscains de Jérusalem commencent à commémorer la Passion en se rendant sur les lieux de celle-ci, dans une restitution symbolique du « chemin de croix » originel emprunté par Jésus. Au XVe siècle, cette pratique gagne l'Occident, en particulier à Rome. Les différents moments de la Passion sont symbolisés par des colonnes, des pierres, des stèles, sur un chemin qui mène à une église. Cette marche, qui a lieu le Vendredi saint, est rythmée par des stations dont chacune est l'occasion de lecture, de méditation et de prières. Elle se fait parfois à genoux et peut s'accompagner du port de la croix. Jusqu'au XIXe siècle, ces « chemins de croix » ont un nombre très variable de stations suivant les paroisses. Aujourd'hui, il est fixé à 14, de la condamnation à mort de Jésus à sa mise au tombeau. Traditionnel et recommandé, ce parcours voué à la compassion et à l'expiation des péchés ne fait cependant pas partie de la liturgie catholique.

PÉRIODE XVIe siècle
LIEU Savoie

# Retourner sa veste

**Définition** Changer d'opinion et se rallier à l'avis que l'on dénonçait auparavant.

**Origine** L'expression « tourner casaque », devenue au XIXe siècle « retourner sa veste », est attachée à un prince au tempérament particulier. Le jeune Charles-Emmanuel de Savoie naît en 1562 de façon quelque peu inespérée. En effet, son père Emmanuel Philibert épouse en 1559 la duchesse de Berry, sœur du roi de France Henri II. La jeune femme a déjà 36 ans et les chances de pouvoir concevoir un héritier sont minces. Aussi Charles-Emmanuel, enfant providentiel et unique, est-il investi d'une aura « miraculeuse ». Alors qu'il a succédé à son père depuis cinq ans, il épouse à son tour, en 1585, la fille de Philippe II, roi d'Espagne. Charles-Emmanuel est donc par le sang et le mariage allié tout à la fois à la France et à l'Espagne. Mais, loin

« De l'art de la stratégie et de la diplomatie de Charles-Emmanuel de Savoie est née une légende : il aurait porté une casaque blanche (couleur de la France) à revers rouge (couleur de l'Espagne), qu'il savait, à bon escient, retourner. »

de se sentir l'obligé de ces deux grandes nations qui l'encerclent (Philippe II étant à la tête de l'empire hérité de Charles Quint), il a ses propres ambitions. Persuadé d'être porté par un destin extraordinaire, il s'efforce tout au long de son règne d'ériger la Savoie au rang de royaume de premier plan et va jusqu'à briguer l'empire de son beau-père. De son art de la stratégie et de la diplomatie est née une légende à son sujet : il aurait porté une casaque blanche (couleur de la France) à revers rouge (couleur de l'Espagne), qu'il savait, à bon escient, retourner.

PÉRIODE 1525
LIEU Pavie

# Tout est perdu fors l'honneur

**Définition** L'expression est utilisée dans des circonstances où il ne reste plus que les yeux pour pleurer… et encore un peu de dignité.

**Origine** Dès son arrivée sur le trône de France en 1515, François Ier reprend la guerre dans le Milanais. Alors qu'une trêve est signée entre les chefs d'État européens afin de mener croisade contre les Turcs, les chamailleries persistent entre le roi de France et le roi d'Espagne, Charles Ier, querelles qui vont culminer lors de la mort de l'empereur du Saint Empire romain germanique, Maximilien, en janvier 1519. Le trône impérial n'est pas héréditaire : son occupant est désigné par un collège de sept électeurs. Charles Ier et François Ier posent leur candidature, mais, malgré les rumeurs lancées par le souverain français accusant son rival de traiter avec les Turcs, c'est Charles Ier qui obtient le titre. Dès 1521, la guerre reprend. Le 24 février 1525, l'armée française, qui tient Pavie, est écrasée par l'armée espagnole en à peine plus d'une heure. Fait prisonnier, François Ier écrit à sa mère Louise de Savoie : « *De toutes choses ne m'est demeuré que l'honneur, et la vie qui est sauve* », amer constat passé à la postérité sous la forme « *tout est perdu fors l'honneur* ».

PÉRIODE 1547

LIEU Saint-Germain-en-Laye

# Un coup de Jarnac

**Définition** À cause d'une mauvaise interprétation donnée par le dictionnaire de Trévoux (XVIIIe siècle), il s'agit d'abord d'une action inattendue et déloyale. Si, au XIXe siècle, Émile Littré rétablit la vérité sur la régularité du coup dans son dictionnaire, l'expression a gardé son caractère de traîtrise.

**Origine** Dans les dernières années du règne de François Ier, deux coteries s'opposent à la cour autour d'Anne d'Étampes (maîtresse du roi) et de Diane de Brézé (maîtresse du futur Henri II). Les querelles et les rumeurs sont d'usage entre les deux camps rivaux. Ainsi M. de la Châtaigneraie, proche du Dauphin et de Diane, fait courir le bruit que M. de Jarnac, familier du roi, ne profite pas seulement des largesses financières de sa belle-mère, mais aussi de son intimité. Outragé, M. de Jarnac demande réparation par le duel. Henri II, qui a succédé à François Ier, autorise le combat ; celui-ci se déroule le 10 juillet 1547. Le duel, à l'épée, semble tourner en défaveur de M. de Jarnac lorsque ce dernier donne deux coups successifs, tranchant le jarret de son adversaire, vaincu. Les juges et le roi reconnaissent la régularité du coup. Ainsi s'achève le dernier duel autorisé de l'histoire de France.

PÉRIODE XVI^e siècle
LIEU Florence

# Un plan machiavélique

**Définition** Le temps réduisant les théories les plus complexes à leur plus simple expression, un plan « machiavélique » désigne aujourd'hui un plan perfide, dépourvu de sens moral, élaboré sans scrupules au nom du principe selon lequel la fin justifie les moyens.

**Origine** Homme de la Renaissance, Nicolas Machiavel est tout à la fois philosophe, homme politique, diplomate, stratège et poète. Né à Florence, ville des Médicis, il connaît la dictature religieuse du dominicain Savonarole avant de commencer une carrière politique sous le mandat de Pier Soderini, gonfalonier de la ville. Envoyé à la cour pontificale auprès de César Borgia, à la cour de Louis XII en France ou encore auprès de l'empereur du Saint Empire romain germanique, il réorganise l'armée florentine mais ne peut empêcher le retour des Médicis. Exilé pour un an, il est ensuite soupçonné d'avoir

« La théorie politique de Machiavel est avant tout une théorie de l'adaptation et de l'habileté lucide, louvoyant entre vice et vertu afin de consolider dans la durée l'exercice du pouvoir »

participé à un nouveau complot. Arrêté, torturé, il se retire dans sa propriété, où il rédige son œuvre la plus célèbre, *Le Prince*. Grâce à son expérience, sa fréquentation des plus grands hommes de pouvoir de son temps et sa culture humaniste et historique, il dresse le portrait philosophique du « prince ». Diriger, gouverner, c'est d'abord se faire craindre – objectif bien difficile à atteindre, selon Machiavel, lorsqu'on s'embarrasse de principes moraux inébranlables. Ces derniers peuvent certes être utilisés s'ils servent le dessein du prince... mais au même titre que la violence, la ruse ou le mensonge. La théorie politique de Machiavel est avant tout une théorie de l'adaptation et de l'habileté lucide, louvoyant entre vice et vertu afin de consolider dans la durée l'exercice du pouvoir.

PÉRIODE XVIe siècle
LIEU Italie

# Mettre à l'index

**Définition** Écarter, exclure quelqu'un ou quelque chose qui est jugé néfaste, suspect ou dangereux.

**Origine** Au XVIe siècle, l'Église catholique est confrontée à un séisme : un nouveau courant religieux s'enracine en Europe sous l'impulsion de Martin Luther. Cet ancien moine augustin allemand prêche une nouvelle foi, reposant sur la lecture des Évangiles et non sur les dogmes de l'Église. En 1559, la Sacrée Congrégation de l'Inquisition romaine enjoint le pape Paul IV de rédiger une liste d'ouvrages interdits à la lecture, l'*Index librorum prohibitum*. La congrégation de l'Index, créée en 1571, est chargée de la mise à jour de cette liste jusqu'en 1917, date à laquelle la tâche est confiée au Saint-Office. Si parmi les ouvrages censurés on retrouve de grands noms des sciences ou de la littérature (comme Copernic, Galilée, Jean de La Fontaine ou Émile Zola), la censure pontificale touche également les œuvres fascistes et nazies ; mais elle sanctionne avant tout les écrits de membres de l'Église dont les prises de position dérivent de l'orthodoxie. L'Index est définitivement supprimé en 1966, dans le sillage de Vatican II.

PÉRIODE 1588
LIEU Blois

# Il paraît encore plus grand mort que vivant

**Définition** Cette phrase d'Henri III est parfois citée pour illustrer une situation qui, bien que planifiée, finit par réserver des surprises.

**Origine** En 1588, Henri III doit faire face à deux problèmes. Le premier est la Ligue parisienne, dirigée par Henri de Lorraine, duc de Guise. Soutenue par le roi d'Espagne Philippe II, la Ligue est farouchement hostile aux protestants et s'oppose au choix d'Henri de Navarre comme successeur d'Henri III. Le second est le mécontentement populaire face à la charge fiscale. Les deux s'unissent le 12 mai 1588 sur les barricades parisiennes, qui font échec aux troupes royales, venues arrêter les responsables de la Ligue soupçonnés de complot contre le roi. Contraint de quitter Paris, celui-ci feint de satisfaire aux desiderata de la Ligue. Mais, lors des États Généraux à Blois, Henri III convie le duc de Guise à une réunion de son conseil. Malgré les avertissements, celui-ci se présente, le 23 décembre. Il est poignardé par deux proches du roi. C'est le mémorialiste Pierre de l'Estoile qui rapporte qu'Henri III, face au cadavre de son ennemi, aurait soufflé : *« Mon Dieu qu'il est grand, il paraît plus grand mort que vivant. »*

PÉRIODE Popularisée au XVII$^{e}$ siècle
LIEU France

# Vendre la peau de l'ours

**Définition** Consiste à disposer d'un bien avant même que celui-ci ne soit dûment acquis ou, par extension, à se féliciter prématurément d'un événement encore incertain.

**Origine** L'expression est ancienne mais elle doit sa postérité à Jean de La Fontaine. Dans *L'Ours et les Deux Compagnons*, il s'inspire à la fois de son homologue grec Ésope et peut-être de Philippe de Commynes, diplomate et mémorialiste au service de Louis XI. Celui-ci rapporte dans ses Mémoires, rédigés à la fin du XV$^{e}$ siècle, le récit que l'empereur Frédéric III livre aux ambassadeurs envoyés par Louis XI. Dans sa lutte contre les ducs de Bourgogne, le roi de France sollicite l'appui de l'empereur en échange de territoires qu'il compte prendre à son adversaire bourguignon. L'empereur refuse habilement l'offre en relatant l'histoire de trois comparses qui promettent à

« Les compagnons questionnent leur ami sur ce que lui a soufflé l'ours. Il répond : « Que jamais je ne marchandasse de la peau de l'ours jusques à ce que la beste fut morte. » »

un tavernier de régler leurs dettes par la vente de la peau d'un ours qui terrorise la région. Mais, une fois devant celui-ci, la frayeur fait s'enfuir deux des larrons, tandis que le troisième fait le mort. L'ours s'approche de l'homme couché à terre et le renifle avant de quitter les lieux. Une fois les compagnons remis de leur épouvante, ils questionnent leur ami sur ce que lui a soufflé l'ours. Il répond : *« Que jamais je ne marchandasse de la peau de l'ours jusques à ce que la beste fut morte. »* La morale de La Fontaine, rédigée près d'un siècle plus tard, tient quant à elle dans ces mots : *« Il m'a dit qu'il ne faut jamais vendre la peau de l'ours qu'on ne l'ait mis par terre. »*

PÉRIODE 1590
LIEU Ivry

# Ralliez-vous à mon panache blanc

**Définition** Simplifiée sous la forme d'un « Ralliez-vous à mon panache blanc », l'expression, aujourd'hui comme au temps d'Henri IV, se veut un fier et noble cri de ralliement.

**Origine** Avant d'être assassiné en 1589 par le ligueur Jacques Clément, Henri III désigne Henri de Navarre, qui l'a soutenu dans son combat contre la Ligue dirigée par le duc de Guise, comme son successeur. Mais les ligueurs ayant pris possession de Paris, le nouveau roi Henri IV est un souverain sans capitale. Il doit donc reconquérir celle-ci en poursuivant la guerre contre la Ligue, désormais dirigée par le duc de Mayenne. Alors que Paris est assiégée par les troupes royales depuis près d'un an, le 14 mars 1590, à Ivry, ligueurs et royalistes s'affrontent. Avant la bataille, à laquelle Henri IV va prendre physiquement part et qui s'annonce comme une indescriptible mêlée, le roi encourage ses hommes en leur enjoignant : « *Si vous perdez vos enseignes, cornettes ou guidons, ne perdez point de vue mon panache ; vous le trouverez toujours au chemin de l'honneur et de la victoire.* » Henri IV porte en effet toujours, accroché à son cimier, de grandes plumes blanches.

PÉRIODE 1593

LIEU Saint-Denis

# Paris vaut bien une messe

**Définition** L'expression, tantôt attribuée à Sully, tantôt au roi lui-même, s'utilise pour signifier que la fin justifie les moyens, que le bénéfice attendu d'une action vaut bien quelques sacrifices.

**Origine** Après les batailles d'Arques en 1589 et d'Ivry en 1590, Paris est toujours tenue par la Ligue catholique du duc de Mayenne ; aussi Henri IV décide-t-il de prendre la ville par la force. Cependant, l'arrivée des renforts espagnols au secours des assiégés contraint Henri IV de lever le siège en septembre 1590. Au bout de deux ans et de nouvelles défaites, le roi ne voit pas d'autre solution pour réunir ses sujets que de ménager la chèvre et le chou. Il protège les protestants grâce à l'édit de tolérance de Mantes en 1591 et rassure les catholiques en abjurant la religion réformée en juillet 1593, en la cathédrale de Saint-Denis. Cet acte d'une importance capitale pour la résolution des guerres de religion n'a sans doute pas été si douloureux pour Henri IV, assez coutumier du fait - il avait déjà abjuré sa religion maternelle en 1572 pour échapper à la Saint-Barthélemy, avant d'y revenir. Pour Henri, qui n'en était pas à une près, Paris et surtout la paix valaient en effet bien une messe.

PÉRIODE XVIIe siècle
LIEU France (« Le Cid », de Pierre Corneille)

# Avoir les yeux de Chimène

**Définition** Éprouver un vif intérêt, une passion pour quelqu'un ou quelque chose.

**Origine** Rodrigo Diaz de Vivar, surnommé « El Cid » (« Le Seigneur »), est un chevalier du XIe siècle, au service du roi d'Espagne Alphonse VI, qui s'est illustré dans la reconquête chrétienne des territoires musulmans de la péninsule. Il est également l'époux de Chimène, nièce du souverain. Ces personnages historiques ont inspiré le dramaturge français Pierre Corneille. Dans *Le Cid*, le héros, Rodrigue, aime Chimène, qui aime Rodrigue. Mais le père de Chimène, le comte de Gormas, a humilié celui de Rodrigue, Don Diègue. Bon sang ne sachant mentir, Rodrigue venge l'honneur paternel et tue le comte de Gormas. Chimène finit par pardonner le geste de Rodrigue, qui retrouve donc les regards langoureux de sa dulcinée.

« Les yeux de Chimène sont passés à la postérité grâce à une querelle de chapelle »

Mais les yeux de Chimène sont passés à la postérité grâcc à unc querelle de chapelle. En effet, le succès de la pièce vaut à son auteur quelques inimitiés, dont celle de Richelieu (rien de moins), qui lui reproche ses libertés par rapport à l'académisme prévalant en matière de tragi-comédie. Nicolas Boileau, qui s'insurge contre la censure dans la neuvième satire de son ouvrage éponyme, prend *Le Cid* en exemple :

*En vain contre le Cid un ministre se ligue :*
*Tout Paris pour Chimène a les yeux de Rodrigue,*
*L'Académie en corps a beau le censurer :*
*Le public révolté s'obstine à l'admirer.*

S'il s'agissait donc d'abord des yeux de Rodrigue, la « bienséance » s'est bien vite chargée de remettre les choses en bon ordre : un homme étant censé savoir garder raison, c'est à Chimène que l'on a préféré attribuer le regard brûlant de la passion.

PÉRIODE XVI^e^ siècle
LIEU France

# De France et de Navarre

**Définition** « De partout », en tout lieu – jusque dans les plus petits recoins du territoire.

**Origine** L'expression remonte à l'an 1594, lorsqu'Henri III de Navarre est officiellement consacré roi de France, sous le nom d'Henri IV. À cette époque, elle est à prendre au sens propre. Le royaume de Navarre, fondé vers 830 par les Vascons (ou Basques), est soumis aux désirs d'expansion de ses voisins français et ibériques. En 1512, le royaume d'Aragon, dirigé par Ferdinand II, annexe la Haute-Navarre. La famille royale quitte Pampelune pour le Béarn et va se battre pour l'indépendance de la Basse-Navarre jusqu'à l'accession au trône de France d'Henri IV. Les rois qui lui succèdent portent désormais le titre de « roi de France et de Navarre ». Celle-ci ne fait partie intégrante du territoire national qu'à partir de 1790, date à laquelle elle devient un département français. Si les rois de la Restauration portent encore l'ancien titre, Louis-Philippe l'abandonne. Mais le souvenir en reste vivace, et la locution suit son petit bonhomme de chemin, perdant sa substance territoriale pour prendre un tournant métaphorique.

PÉRIODE 1615
LIEU France

# Se mettre en rang d'oignon

**Définition** À d'abord signifié entrer dans un groupe, une réunion où l'on n'a pas sa place. Aujourd'hui, l'expression est utilisée pour désigner une file de personnes bien alignées.

**Origine** Deux origines possibles pour cette expression. L'une tout à fait prosaïque : les oignons sont habituellement rangés en tresses, par taille. S'il n'est pas le seul à être ainsi traité, l'oignon, par la sonorité du mot, a un petit côté ridicule qui sied assez bien à l'évocation d'un alignement un peu trop compassé. La seconde viendrait du protocole, tout aussi compassé, qui a prévalu lors de la réunion des États généraux de 1588, convoqués à Blois par Henri III afin de trouver une solution aux guerres de religion qui ravagent alors le pays. C'est à Artus de La Fontaine-Solaro, baron d'Oignon, que le roi confie le soin d'organiser la rencontre. Ce n'est pas une mince affaire, en effet, que d'accueillir et de placer chaque jour, par ordre de préséance, près de 500 personnes. Or le baron a une réputation sans faille dans ce domaine. Même si l'origine de l'expression n'est pas certaine, il n'en reste pas moins que la qualité des rangs du baron d'Oignon lui a permis de passer à la postérité.

PÉRIODE XVII^e siècle
LIEU Paris

# C'est la cour des miracles

**Définition** Lieu qui paraît sordide et mal famé, fréquenté par une assemblée plus ou moins hétéroclite d'individus réputés peu recommandables.

**Origine** La cour des miracles a été immortalisée par Victor Hugo, dans son roman *Notre-Dame de Paris*. Le romancier la dépeint sous la forme d'une grande place où se retrouve toute la misère de la capitale, incarnée par des personnages à la fois grandioses et hideux. Au-delà de la vision romanesque, les cours des miracles existent dans de nombreuses villes dès le Moyen Âge. Il s'agit de ruelles, d'impasses ou de quartiers où se regroupent indigents, infirmes et fous. Ces communautés sont hiérarchiquement organisées. À leur tête, un roi, assisté de sa cour, au sein de laquelle les titres de « noblesse » sont fonction des butins amassés. Tous vivent de la mendicité (ou du vol),

exposant leurs déchéances physiques pour attirer la compassion. Celles-ci, souvent feintes ou exagérées, disparaissent, par miracle, la nuit venue. À Paris, les principales cours des miracles se sont tenues place des Vosges et dans le cul-de-sac de l'ancienne rue Saint-Sauveur (actuelle rue Damiette). Celle-ci est la dernière à disparaître, en 1667. C'est en effet l'époque à laquelle est créé l'Hôpital général de Paris, fondé en 1656 par Louis XIV afin de rassembler les pauvres de la capitale et de leur assurer le gîte et le couvert en échange de travaux de manufacture. Il gère différents asiles, dont ceux de la Salpêtrière et de Bicêtre, qui se transforment rapidement en lieux de réclusion, loin de leur vocation initiale de réinsertion sociale et morale.

PÉRIODE 1621
LIEU France

# Faire les 400 coups

**Définition** Faire bêtise sur bêtise, mener une vie contraire aux règles morales ou sociales.

**Origine** Par le traité de Saint-Germain en 1570, complété par l'édit de Nantes, les protestants ont obtenu des places fortes, telles La Rochelle, Montauban ou encore Aigues-Mortes. Cette puissance inquiète Louis XIII, qui, après la régence de sa mère, Marie de Médicis, succède à Henri IV. Il désire, tout comme son éminent ministre Richelieu, rétablir le pouvoir royal et catholique sur l'ensemble de son territoire. Sa vision politique sonne le glas de la paix. Il se lance à la reconquête des places fortes, et c'est au cours du siège infernal de Montauban, entre août et novembre 1621, qu'un soir d'octobre, las de la résistance montalbanaise, le roi aurait ordonné à ses artilleurs de tirer 400 coups de canon d'affilée. Espérant, par cette démonstration de force, terroriser ses adversaires et les mettre à sa merci, il aurait été accueilli par les rires et les quolibets des assiégés, en train de se délecter des profuses réserves en vivres de la cité. Louis XIII, vaincu, est contraint de lever le siège quelques semaines plus tard.

PÉRIODE 1633
LIEU Rome

# Et pourtant elle tourne

**Définition** Malgré son caractère peu vraisemblable, cette expression est encore utilisée pour marquer l'obstination de celui qui, sûr de son savoir, se heurte à l'ignorance bornée et intransigeante de son « auditoire », réel ou figuré.

**Origine** Contrairement à la thèse défendue par l'Église et héritée de l'astronome grec Ptolémée, Galilée est persuadé, suite à ses propres observations du ciel, que la Terre n'est pas l'unique centre de rotation des astres. En 1616, le cardinal Bellarmin dénonce les positions coperniciennes de Galilée, déclarées hérétiques ; le savant doit alors renoncer à ses chaires d'enseignement. En 1623, grâce à l'amitié du nouveau pape Urbain VIII, Galilée peut reprendre ses recherches à condition de rester dans l'hypothèse et de ne rien affirmer. En 1633, Galilée tente à nouveau de défendre ses convictions à travers un Dialogue au sujet des deux grands systèmes du monde, de Ptolémée et de Copernic, qui n'échappe pas à l'Inquisition. Déjà âgé et sans doute peu optimiste sur ses capacités à se défendre face à ses juges, il s'incline et abjure sa thèse. C'est en s'agenouillant qu'il aurait murmuré « *Eppur si muove* », « Et pourtant, elle tourne ».

PÉRIODE XVIIe siècle
LIEU France

# Une vérité de La Palice

**Définition** « Une vérité de La Palice », ou « lapalissade », s'apparente donc à un truisme : une vérité si évidente, si manifeste, que le fait même de l'énoncer en devient aussi absurde que ridicule.

**Origine** Jacques de Chabannes, seigneur de La Palice, est avant tout un général émérite. Né en 1470, il sert sous trois rois de France, Charles VIII, Louis XII et enfin François Ier. Il est aux côtés de ce dernier en 1525, lors de la célèbre bataille de Pavie, qui oppose la France à Charles Quint pour la conquête du nord de l'Italie. Il meurt sur le champ de bataille, et ses soldats, en ultime hommage à son courage et à son ardeur au combat, lui composent un quatrain :

*M. de La Palice est mort,*
*Mort devant Pavie*
*Un quart d'heure avant sa mort*
*Il faisait encore envie !*

> Jacques de La Palice n'a jamais prononcé de vérités portant son nom.

C'est au XVII^e^ siècle que ce petit couplet est repris par Bernard de la Monnoye (1641-1728), poète et philologue, dans une chanson burlesque qui enchaîne des évidences. En voici les deux premiers couplets :

*Hélas ! La Palice est mort*
*Il est mort devant Pavie*
*Hélas ! S'il n'était pas mort*
*Il serait encore en vie.*

*Hélas ! Qu'il eut bien grand tort*
*De s'en aller à Pavie !*
*Hélas ! S'il ne fût point mort,*
*Il n'eût point perdu la vie*
*Il était fort bien vêtu*
*Son habit doublé de frise*
*Et quand il était tout nu*
*Il n'avait point de chemise.*

Jacques de La Palice n'a donc jamais prononcé de vérités portant son nom, c'est bien Bernard de la Monnoye qui en est à l'origine, mais ce n'est pas lui qui est passé à la postérité !

PÉRIODE 1655
LIEU Paris

# L'État c'est moi

**Définition** L'expression est reprise, ironiquement ou au pied de la lettre, par qui souhaite imposer son autorité sans discussion possible.

**Origine** Le début du règne de Louis XIV est chaotique. À la mort de Louis XIII, en 1643, il n'a que 5 ans, et c'est sa mère, Anne d'Autriche, qui assure la régence. La Fronde va contraindre le jeune Louis et sa mère à fuir Paris entre 1648 et 1652. Après l'échec de la Fronde, dans un souci d'apaisement, le futur Roi-Soleil ménage d'abord le Parlement. Si celui-ci a été condamné à ne plus intervenir dans les affaires de l'État, Louis XIV réunit néanmoins un lit de justice en avril 1655, afin de répondre à des remontrances au sujet de réformes fiscales. Alors qu'il pense la situation réglée et qu'il entend s'adonner à l'un de ses plaisirs favoris, de nouveaux remous conduisent le roi à se présenter devant le Parlement en habit de chasse. Il déclare alors l'interruption définitive de la réunion, interdit toute nouvelle assemblée du Parlement et met un terme à toute discussion au sujet des édits fiscaux. C'est l'acte de naissance de l'absolutisme qui va marquer son règne. Comme souvent dans l'histoire, sa harangue est devenue une tirade d'un laconisme percutant : *« L'État c'est moi. »*

PÉRIODE 1615
LIEU France

# Une éminence grise

**Définition** Désigne une personne qui conseille et influence tout en restant dans l'ombre.

**Origine** Louis XIII a eu un grand ministre, son éminence Armand Jean Du Plessis, duc de Richelieu et évêque de Luçon. Il reçoit la robe cardinalice en 1622, puis est chargé par le roi de France en 1624 de ses affaires militaires, économiques et diplomatiques. Mais Richelieu, dont les portraits le parent du rouge de sa fonction sacerdotale, n'est donc pas une éminence « grise ». Car derrière chaque grand homme s'en cache un autre. Et si Louis XIII s'en remet à Richelieu, celui-ci a son propre conseiller en la personne du père Joseph. D'origine noble et proche de la cour, Joseph François Leclerc du Tremblay entre dans les ordres après s'être essayé à la carrière des armes et revêt la robe... grise des moines capucins. Le père Joseph acquiert, par les missions catholiques qu'il organise et le rôle de plus en plus important qui lui est dévolu au sein de ses pairs, une conscience et une pratique diplomatique aiguisées. Il n'est donc pas étonnant que Richelieu ait eu recours aux précieux et avisés conseils de celui qui est aussi à l'origine d'un réseau de renseignements efficace.

PÉRIODE 1745
LIEU Pays-Bas

# Messieurs les Anglais, tirez les premiers

**Définition** Le dialogue a été simplifié sous la forme « Messieurs les Anglais, tirez les premiers », qui exprime une marque de courtoisie un brin ironique en préambule d'un affrontement.

**Origine** La France de Louis XV est engagée depuis 1740 dans la guerre dite « de succession d'Autriche ». À la mort de l'empereur Charles VI, c'est sa fille Marie-Thérèse qui a été désignée pour lui succéder. Mais les rois d'Espagne, de Pologne et de Prusse ainsi que l'électeur de Bavière revendiquent le trône. La France soutient la Prusse, tandis que l'Angleterre est aux côtés de l'Autriche. Une série de batailles va opposer les deux coalitions jusqu'à la paix d'Aix-la-Chapelle, en 1748. En 1745, l'armée française, dirigée par le maréchal de Saxe, marche sur les Pays-Bas. Le 11 mai, elle affronte les troupes anglo-hollandaises à Fontenoy. Louis XV est présent, ainsi que le

Dauphin. Lorsque les premières lignes de chacun des adversaires se trouvent face à face, lord Charles Hay et le comte d'Auteroche échangent poliment :

*« Messieurs des gardes françaises, tirez !*

*– Messieurs, nous ne tirons jamais les premiers ; tirez vous-mêmes. »*

Cet échange, rapporté d'abord par Charles Hay dans une lettre à son frère, est passé à la postérité grâce à Voltaire, qui le relate dans son *Siècle de Louis XV*, en 1768. La courtoisie des deux militaires est de pure forme, une ordonnance voulant que le premier feu soit essuyé par les Français. Si les tirs anglais déstabilisent d'abord les troupes françaises, la stratégie du maréchal de Saxe permet de retourner la situation, et Fontenoy est finalement une large victoire française.

PÉRIODE 1763
LIEU France

# Il n'y a que le premier pas qui coûte

**Définition** Dans tout type d'entreprise nouvelle, les débuts constituent le cap le plus difficile à franchir.

**Origine** Marie du Deffand a marqué le siècle des Lumières par sa vivacité d'esprit, l'éclat de son salon et la richesse de sa correspondance. Séparée assez rapidement de son mari, son libertinage la relègue d'abord à l'écart de la bonne société parisienne, mais son amitié passionnée avec Charles Jean-François Hénault, président de la Première chambre des enquêtes du Parlement de Paris, lui permet de se forger une réputation. Cette aristocrate bourguignonne fréquente à Sceaux, chez la duchesse du Maine, les philosophes tels Voltaire ou Montesquieu, avant d'ouvrir son propre salon au début des années 1750. Mme du Deffand entretient en outre une correspondance assidue avec ses admirateurs. Elle aurait ainsi rapporté, en 1763, à D'Alembert, une anecdote qui avait eu lieu à Sceaux. Au cardinal de Polignac, qui s'émouvait du martyre de saint Denis ayant parcouru deux lieues avec sa tête tranchée entre les mains, elle avait répondu avec humour : *« Oh, monseigneur, il n'y a que le premier pas qui coûte. »*

PÉRIODE 1757
LIEU France

# Après nous le déluge

**Définition** L'expression montre l'indifférence de celui qui la prononce envers tout ce qui pourrait advenir après sa disparition (réelle ou symbolique).

**Origine** En 1756, après une décennie de paix, les tensions entre la France et ses voisins européens sont ravivées ; le roi de Prusse, Frédéric II, se rapproche de l'Angleterre, tandis que l'Autriche de Marie-Thérèse s'allie à la France de Louis XV. C'est le début de la guerre de Sept Ans. En 1757, Frédéric II marche à la rencontre de l'armée française, qui s'approche de Leipzig. Le 5 novembre, à Rossbach, les troupes prussiennes parviennent à prendre par surprise les Français, qui sont défaits en moins de deux heures. Humilié par ce cuisant revers, Louis XV aurait confié son désarroi à Mme de Pompadour. Celle-ci, après avoir été la maîtresse du roi, est en effet devenue sa plus fidèle amie et conseillère politique. C'est elle qui lui aurait ainsi recommandé de ne pas se soucier outre mesure de cette débâcle, son « après nous le déluge » suggérant de laisser aux alliés ou aux successeurs de Louis XV le soin d'en assumer les répercussions.

# CONTEMPORAIN

PÉRIODE 5 octobre 1789
LIEU Versailles

# S'ils n'ont pas de pain, qu'ils mangent de la brioche

**Définition** La tirade est utilisée pour illustrer une forme particulière d'ironie condescendante, méprisante et hautaine.

**Origine** Les hivers rigoureux et les étés pluvieux qui précèdent la Révolution française ont gravement touché les récoltes. La famine sévit, et la rareté des céréales entraîne une hausse du prix du pain. La situation a précipité les événements de juillet 1789. Mais, à l'automne, alors que l'Assemblée constituante a aboli les privilèges et adopté la Déclaration des droits de l'homme, la population parisienne, qui craint une nouvelle famine, se rend à Versailles, où elle clame son mécontentement. Marie-Antoinette, de son balcon, aurait ironisé : *« S'ils n'ont pas de pain, qu'ils mangent de la brioche. »* Le lendemain, 6 octobre, la famille royale est contrainte de gagner la capitale. Elle ne reviendra jamais à Versailles.

Marie-Antoinette n'est probablement pas à l'origine des propos qu'on lui prête. La formule apparaît en effet dès 1782 dans les *Confessions* de Jean-Jacques Rousseau. Faisant le récit de sa tentation de déguster du vin d'Arbois et de la nécessité de l'accompagner d'un grignotage, Rousseau explique que, ne pouvant se présenter, en gentilhomme qu'il est, chez un boulanger, il se rend chez un pâtissier pour y acheter de la brioche. Il évoque alors les paroles d'une grande princesse, qu'il ne nomme pas, répondant, à qui l'informait que ses paysans n'avaient plus de pain : « *Qu'ils mangent de la brioche.* » L'expression a ensuite été attribuée à Marie-Antoinette par l'auteur allemand Erich Kaestner, dans un livre pour enfant publié en 1931. Même s'il précise que la formule a davantage été prononcée par ignorance que par méchanceté, l'auteur a ainsi contribué à donner de Marie-Antoinette l'image d'une reine méprisante.

PÉRIODE 23 juin 1789
LIEU Versailles

# Nous ne sortirons que par la puissance des baïonnettes

**Définition** Illustre avec lyrisme toute la force d'une conviction.

**Origine** En 1789, Louis XVI est contraint de réunir les états généraux, représentant la noblesse, le clergé et le tiers état. Les caisses de l'État sont au plus bas, et de lourdes dissensions au sujet d'un nouvel impôt opposent le roi aux parlements parisien et provinciaux, ainsi qu'au clergé. Le roi, soucieux d'imposer ses décisions et non de les voir mises en délibération, décide de diviser les ordres en chambres séparées. Le 20 juin, le tiers se réunit dans la salle du Jeu de paume, où il prête le serment de ne se dissoudre qu'une fois une Constitution rédigée. Rejoint par le clergé, le roi est contraint d'accepter la réunion des trois ordres. Mais la séance du 23 juin commence par une humiliation : les députés du tiers se trouvent face aux portes closes de la salle des Menus Plaisirs, où la noblesse et le clergé sont déjà installés. Durant la séance, le roi ordonne à nouveau la séparation des ordres. C'est alors que Mirabeau aurait lancé : *« Allez dire à ceux qui vous envoient que nous sommes ici par la volonté du peuple, et que nous ne sortirons que par la puissance des baïonnettes. »*

PÉRIODE 8 novembre 1793
LIEU Paris

# Ô liberté, que de crimes on commet en ton nom

**Définition** La citation dénonce l'hypocrisie – ou le cynisme – de ceux qui détournent, au profit d'une cause indigne, de nobles idéaux.

**Origine** Mme Roland (Manon) – née Jeanne-Marie Philipon – est l'une des grandes figures féminines de la Révolution. Instruite et cultivée, elle admire les Lumières et se forge une conscience politique républicaine. Elle épouse en 1780 Jean-Marie Roland de La Platière, inspecteur des manufactures, et tient, à partir de 1791, un salon prisé, où se côtoient Robespierre, Pétion ou Brissot, soit la tendance girondine des républicains. En 1792, M. Roland obtient le poste de ministre de l'Intérieur, mais, lorsque brissotins et robespierristes se divisent, le couple se range aux côtés des premiers. La Convention est assiégée le 2 juin 1793, et l'arrestation de 31 députés girondins est votée. Manon Roland est emprisonnée. Libérée, puis réincarcérée, elle rédige ses Mémoires avant d'être condamnée à mort le 8 novembre 1793. Célèbre pour la virulence de ses écrits, elle s'exclame avant de mourir, face à la statue de la liberté de la place de la Concorde (autrefois place de la Révolution) : *« Ô liberté, que de crimes on commet en ton nom. »*

PÉRIODE 2 décembre 1805
LIEU Austerlitz

# Le soleil d'Austerlitz

**Définition** Le soleil d'Austerlitz est à la fois une métaphore de l'empereur, de l'aura qui l'entoure et de l'éclat de sa victoire.

**Origine** Le « Grand Dessein » de Napoléon d'envahir l'Angleterre a échoué. Son projet a d'abord été compromis par la défaite du cap Finisterre en Espagne, en juillet, qui le prive d'une partie de sa flotte. Au mois d'août, l'empereur décide donc de lancer, à marche forcée, ses troupes cantonnées à Boulogne-sur-Mer en direction du Rhin, où se trouvent les autres membres de la coalition formée contre lui, autrichiens et russes. Après avoir écrasé à Ulm, en octobre, le général Karl Mack, Napoléon Ier se dirige vers Vienne, qu'il investit le 14 novembre. Au début du mois de décembre, les armées dirigées par les trois empereurs se font face dans la plaine d'Austerlitz, aux environs de Brünn (République tchèque), près du plateau de Pratzen. La

bataille décisive débute à l'aube du 2 décembre. Par une habile manœuvre de diversion, Napoléon parvient à tromper ses ennemis. Ceux-ci abandonnent le plateau dans un désordre aggravé par la nuit et le brouillard afin de gagner les villages proches, où ils pensent trouver l'essentiel des forces françaises. Mais le soleil perce soudain et dévoile aux troupes austro-hongroises effarées les colonnes du général Soult, prêtes à prendre d'assaut le plateau. L'interprétation de ce lever de soleil comme un signe de victoire n'est pas démentie : le soir même, l'armée de la coalition est décimée et s'enfuit, perdant dans le lac de Staschan une partie de son artillerie. Les canons, récupérés par Napoléon après la vidange du lac, ont servi à l'érection de la colonne Vendôme.

PÉRIODE 1804
LIEU Paris

# Faire un laïus

**Définition** Prononcer un long discours. L'expression a pu avoir par le passé une connotation péjorative, liée à l'emploi d'un style pompeux et emphatique ; cette connotation semble moins présente de nos jours, même si le terme de « laïus » reste parfois associé à un discours exagérément docte, voire pontifiant.

**Origine** L'École polytechnique, créée en 1794 sous le nom d'« École centrale des travaux publics », a pour vocation d'apporter à ses élèves une formation scientifique et pratique d'excellence. D'abord école civile, Napoléon Ier lui confère son statut militaire en 1804. Dans un premier temps, le concours d'entrée repose sur un examen oral. Il évalue les connaissances en mathématiques, physique, chimie, langues vivantes, ainsi que le degré d'intelligence et les qualités physiques du candidat. Pas de composition écrite, pas plus que d'épreuve de français. Néanmoins, en 1804 est créée une chaire de grammaire et de belles lettres au sein de l'École : les étudiants sont dès lors confrontés à leurs premiers devoirs de rhétorique, qu'ils surnomment « laïus », en référence à un sujet particulièrement inspirant consacré à Laïus, père d'Œdipe dans le mythe éponyme.

PÉRIODE 1809
LIEU France

# Un vieux de la vieille

**Définition** Désigne une personne âgée, qui a beaucoup d'expérience de la vie et des hommes, et qui ne s'en laisse pas remontrer.

**Origine** Si Napoléon Ier était un grand stratège, il a aussi pu compter sur la fidélité de ses troupes. En 1805, alors qu'il prévoit d'envahir l'Angleterre, l'empereur rassemble près de la moitié des forces françaises à Boulogne-sur-Mer. Cette force considérable est surnommée « la Grande Armée », en référence au bulletin du même nom publié depuis 1796. Afin d'assurer la sécurité de l'empereur, près de 10 000 soldats forment, à partir de 1804, la garde impériale. En 1809, celle-ci est divisée en deux classes, la Jeune Garde, qui regroupe les recrues fraîches émoulues de l'armée régulière, et surtout la Vieille Garde. Ceux qui la composent, les fameux « grognards », doivent avoir au moins quatre campagnes à leur actif. Ces « vieux » de la Vieille (Garde) sont d'une fidélité inébranlable. Armée de réserve, elle n'intervient en renfort que lorsque l'issue d'une bataille est hasardeuse, et les victoires acquises in extremis grâce à son appui décisif l'auréole de gloire – son courage représentant par ailleurs un exemple galvanisant pour le reste des troupes napoléoniennes.

PÉRIODE 1812
LIEU Russie

# C'est la Bérézina !

**Définition** Il est d'usage de s'exclamer que « c'est la Bérézina ! » lorsqu'une entreprise se révèle particulièrement désastreuse au vu de ses conséquences catastrophiques.

**Origine** Au printemps 1812, Napoléon Ier lance sa Grande Armée, soit près de 500 000 hommes, à l'assaut de la Russie. Le 24 juin, elle franchit le Niémen et tente d'encercler l'armée russe. Conscient de son incapacité à vaincre l'empereur lors de combats frontaux, le tsar fait reculer ses troupes en pratiquant la tactique de la terre brûlée. Lorsque Napoléon arrive à Moscou en septembre, la ville est en flammes, ne laissant aucune réserve pour nourrir les hommes. Le 19 octobre, Napoléon se résout à quitter Moscou pour rentrer en France. Mais, face à l'hiver russe, la retraite est une hécatombe. Le 26 novembre, la Grande Armée, suivie de populations civiles, se trouve face à la

Bérézina, affluent biélorusse du Dniepr, qui charrie de la glace. Alors que Napoléon retarde les Russes en leur faisant croire à une traversée plus au nord, les pontonniers, sous les ordres du général Jean-Baptiste Éblé, construisent deux ponts de bois pour faire traverser hommes et canons. Mais, finalement rejoints par les Cosaques, qui harcèlent les Français depuis leur départ de la capitale, le général Éblé donne l'ordre de détruire les ponts pour protéger la retraite, alors même que moins de la moitié des hommes, femmes et enfants ont traversé. Les retardataires se retrouvent bloqués sur l'autre rive : certains tentent de traverser la rivière glaciale, d'autres sont faits prisonniers par les Russes. Si le passage de la Bérézina est un exploit militaire, les troupes d'élite, dont la Garde, ayant été sauvées, il n'en reste pas moins un désastre humain.

PÉRIODE 1805
LIEU « Journal de la langue française »

# Faire un pataquès

**Définition** Un « pataquès » est une faute de liaison, consistant à rajouter un « t » ou un « s » final inopportun. Par extension, sans que l'on sache exactement par quel chemin, l'expression « faire un pataquès » est devenue « faire toute une histoire ».

**Origine** La première utilisation du mot « pataquès » semble remonter aux années 1780. Son histoire est contée en 1805 par le grammairien, académicien et membre de la Convention François-Urbain Domergue (1745-1810) dans son *Manuel des étrangers amateurs de la langue française*. L'illustre auteur du *Journal de la langue française*, grande œuvre révolutionnaire, rapporte ainsi la conversation entre deux dames – de belle mise mais au langage, par souci du paraître, très hasardeux – et un jeune homme. Lorsque ce dernier leur demande à qui appartient un éventail égaré, l'une répond : « *Il n'est point-z-à moi* » et l'autre : « *Il n'est pas-t-à moi.* » À ces liaisons cavalières, le jeune homme rétorque avec ironie : « *Il n'est point-z-à vous, il n'est pas-t-à vous, alors je ne sais pas-t-à qu'est-ce !* » C'est de cette boutade que serait né le mot « pataquès ».

PÉRIODE 21 octobre 1805
LIEU Espagne

# Un coup de Trafalgar

**Définition** Événement catastrophique et complètement inattendu.

**Origine** Au cours de l'été 1805, Napoléon I$^{er}$ stationne sa grande armée à Boulogne-sur-Mer, face à la Grande-Bretagne, que l'empereur s'apprête à conquérir. Cependant, une partie de sa flotte est bloquée en Espagne, à laquelle Napoléon s'est allié pour bénéficier de sa puissance navale. En effet, après avoir attiré aux Antilles la flotte de l'amiral britannique Horatio Nelson, l'amiral français Pierre Charles de Villeneuve doit affronter à son retour les Anglais, restés maîtres de la Méditerranée ; suite à sa défaite au cap Finisterre (Galice) le 22 juillet, Villeneuve doit se replier à Cadix. Cerné par la flotte anglaise, il ne peut pourtant pas y rester indéfiniment. Aussi, sur l'ordre de Napoléon, tente-t-il une sortie. Le 21 octobre, au large du cap Trafalgar, l'amiral Nelson, par une manœuvre osée, parvient à couper la ligne ennemie et à désorganiser la flotte française. Si Nelson y perd la vie, près d'une vingtaine de navires français et espagnols sont détruits. La flotte britannique, elle, n'en a perdu aucun : la victoire anglaise est totale, et la journée du 21 octobre se conclut par une effroyable tempête.

PÉRIODE 18 juin 1815
LIEU Waterloo

# La garde meurt mais ne se rend pas

**Définition** La célèbre citation attribuée au général Cambronne parle d'elle-même ; parfaitement représentative de la glorieuse légende associée à l'épopée napoléonienne, elle illustre à merveille les valeurs d'honneur, de bravoure et de loyauté si chères à l'empereur. Toutefois, notons que Cambronne lui-même devait tempérer la dimension héroïque de cet épisode en affirmant par la suite, avec malice et ironie : « *Je n'ai pas pu dire* "la garde meurt mais ne se rend pas", *puisque je ne suis pas mort et que je me suis rendu.* »

**Origine** Depuis 1812, Napoléon Ier doit faire face à de nombreux revers militaires. La terrible campagne de Russie s'est terminée par une retraite effroyable, et la Grande Armée ne compte plus qu'une dizaine de milliers d'hommes. Arrivée sur le territoire prussien, annexé par Napoléon, les soldats d'origine allemande se mutinent,

> À Waterloo, Napoléon est contraint de jouer son dernier atout, la Vieille Garde, dirigée par le général Cambronne.

tandis que l'Autriche lui retire son soutien. Malgré quelques victoires, Napoléon ne parvient pas à reconstituer une armée solide alors que ses adversaires s'allient une nouvelle fois contre lui. La campagne de France se termine le 30 mars 1814 avec la capitulation de Paris. Le 6 avril, Napoléon abdique et se voit condamné à l'exil sur l'île d'Elbe, dont il obtient la souveraineté. Mais, le 1er mars 1815, l'empereur déchu accoste près de Cannes et reconstitue son armée sur la route qui le porte à Paris le 20 mars. Il entre en Belgique en juin et, après sa victoire à Ligny, se heurte à l'armée britannique, dirigée par le duc de Wellington, à Waterloo. Les troupes françaises sont maîtresses du champ de bataille une bonne partie de la journée, et Napoléon attend le renfort décisif pour remporter la victoire. Mais, au lieu des colonnes du général Grouchy, c'est l'armée prussienne de Blücher, que Grouchy n'a pu retenir, qui se présente sur la droite des troupes françaises. Napoléon est contraint de jouer son dernier atout, la Vieille Garde, dirigée par le général Cambronne. Invité à se rendre par le général britannique Colville, son honneur militaire lui dicte sa réponse : « *La garde meurt mais ne se rend pas.* » C'est suite à cette fameuse réplique, et face à l'insistance pressante de Colville, qu'aurait été lâché le non moins fameux « mot de Cambronne ».

PÉRIODE 28 janvier 1809
LIEU Paris

# Vous êtes de la merde dans un bas de soie

**Définition** Injure adressée à une personne qui cache sous des dehors raffinés un esprit malhonnête, fourbe ou corrompu.

**Origine** Exilé aux États-Unis jusqu'en 1796, Talleyrand est nommé ministre des Relations extérieures à son retour. Son favoritisme envers les Américains le contraint à démissionner, mais son intelligence politique, qui le porte vers Bonaparte, lui permet de récupérer son poste au lendemain du coup d'État du 18 Brumaire. Les relations entre les deux hommes sont aussi compliquées que leurs caractères respectifs. Talleyrand, tout en étant à l'origine de l'assassinat du duc d'Enghien, tente de favoriser la paix, tandis que Napoléon profite de sa rouerie diplomatique pour poursuivre ses guerres. En 1808, l'empereur fait face au soulèvement des Espagnols, suite à sa tentative de porter son frère Joseph sur le trône d'Espagne. À Paris, Talleyrand et Fouché, ministre de la Police, s'entendent sur l'éventuelle succession de l'empereur. L'apprenant, Napoléon convoque Talleyrand aux Tuileries et explose de colère. Il conclut son discours par un retentissant : *« Tenez, vous êtes de la merde dans un bas de soie. »*

PÉRIODE 1813
LIEU Dresde

# Impossible n'est pas français

**Définition** Mot d'ordre pour motiver ceux à qui l'on s'adresse en les poussant à dépasser leurs limites.

**Origine** Si l'attribution de la citation à Napoléon Ier est aisée, les circonstances dans lesquelles l'empereur l'a prononcée sont plus difficiles à déterminer. Il est fort probable qu'il en ait eu maintes fois l'occasion. Une occurrence au moins de l'expression est attestée, dans la correspondance de l'empereur. En 1813, il mène la campagne d'Allemagne. Après avoir rejoint la Grande Armée en Saxe, Napoléon remporte la victoire à Dresde face aux troupes autrichiennes. C'est de la ville occupée qu'il écrit au comte Jean Lemarois, général et gouverneur de Magdeburg. Alors que l'empereur sollicite de sa part l'acheminement d'avoine pour nourrir les chevaux de la Grande Armée, Lemarois lui répond qu'au vu des réserves de la ville il n'est pas en mesure d'accéder à sa demande. Dans une lettre en date du 9 juillet, Napoléon lui répond virulemment : « *"Ce n'est pas possible", m'écrivez-vous : cela n'est pas français. Je suis donc mécontent de votre lettre.* » Et le sachant détenteur de 240 000 boisseaux d'avoine, il lui ordonne d'en envoyer sur-le-champ deux bateaux.

PÉRIODE 24 novembre 1853
LIEU Paris

# Fluctuat nec mergitur

**Définition** Tout comme le roseau qui plie mais ne rompt point, « *Fluctuat nec mergitur* » célèbre la faculté d'adaptation aux aléas de la vie, qui permet de surmonter bien des obstacles.

**Origine** La ville de Paris s'est construite sur les rives de la Seine, et son essor s'appuie sur les échanges fluviaux. Les bateliers antiques sont nommés les « nautes » ; un pilier érigé en l'honneur de Jupiter et de l'empereur romain Tibère (Ier siècle) par les nautes de Lutèce a été mis au jour sous la cathédrale Notre-Dame de Paris au XVIIIe siècle, témoignant du rôle important de cette corporation. Au Moyen Âge, celle-ci prend le nom de « hanse des marchands de l'eau ». Il faut, pour pouvoir naviguer aux environs de la capitale, en être membre. Puissante, elle a à sa tête un prévôt des marchands, dont le plus célèbre représentant est Étienne Marcel. Au milieu du XIIIe siècle, sur

« L'emblème des bateliers antiques est logiquement un navire, et « Fluctuat nec mergitur» - qui tangue mais ne sombre pas -, constitue leur devise »

décision de Louis IX, une municipalité, à la tête de laquelle siège le prévôt des marchands assisté de quatre échevins élus par les bourgeois de la ville, est chargée d'assurer le ravitaillement de la capitale. Leur emblème est logiquement un navire, et *Fluctuat nec mergitur*, « qui tangue mais ne sombre pas », constitue leur devise. Mais ce n'est pas encore la devise de la ville de Paris. Il faut en effet attendre le Second Empire et l'accession de Georges Haussmann au poste de préfet de la Seine. Nommé par Napoléon III, Haussmann bouleverse le paysage parisien par ses grands travaux. Ayant donné un nouveau visage à la capitale et sans doute soucieux, dans un esprit d'apaisement, de rappeler son passé et sa grandeur historique prérévolutionnaire, il consacre, par l'arrêté du 24 novembre 1853, la devise des mariniers.

PÉRIODE 1815
LIEU Paris

# C'est le commencement de la fin

**Définition** Il faut parfois un peu de temps pour que s'achève une période, une relation, un projet. Mais la dernière ligne droite a toujours un point de départ, une origine : le commencement de la fin.

**Origine** Après la désastreuse campagne de Russie en 1812, sentant le vent tourner, Talleyrand se rapproche des Bourbons. Le 31 mars 1814, la campagne de France se conclut par la capitulation de Paris, signée par le maréchal Viesse de Marmont, encouragé par Talleyrand qui dès le lendemain se voit élu président du gouvernement provisoire par le Sénat. Le 2 avril, celui-ci prononce la déchéance de l'empereur. Napoléon Ier abdique, puis est condamné à l'exil sur l'île d'Elbe. Revenu en France moins d'un an plus tard, le vol de l'Aigle ne dure qu'une centaine de jours et s'achève tragiquement à Waterloo, le 18 juin 1815. Ainsi, Talleyrand aurait eu deux occasions pour prononcer la fameuse formule qu'on lui prête : lors de l'échec de la campagne de Russie ou au retour de Napoléon en 1815. Quoi qu'il en soit, dans un cas comme dans l'autre, il voyait juste et avait pris soin d'assurer son avenir. Il sera en effet premier ministre de Louis XVIII.

PÉRIODE 1816
LIEU France

# Être plus royaliste que le roi

**Définition** Consiste à faire montre de plus de zèle pour défendre une personne (et la cause qu'elle incarne) que la personne concernée.

**Origine** Royaliste, Chateaubriand fait partie des milliers d'émigrés qui quittent la France en 1792. De retour en 1800, il est proche de l'empereur, jusqu'à l'assassinat du duc d'Enghien : il se détourne alors de l'empire, et Napoléon l'exile. Il est de retour sur la scène politique en 1815, lors de la Restauration. Ministre d'État, il s'élève en 1816 contre la dissolution de la chambre « introuvable », composée d'ultra-royalistes cherchant à rétablir un ordre social reposant sur l'influence du clergé et des grands propriétaires fonciers. Trop intransigeante à ses yeux, le roi a préféré dissoudre cette puissante assemblée. Chateaubriand, qui fait partie de ces ultra-royalistes, s'insurge alors contre ceux qui les accusent d'« être plus royalistes que le roi ». Dans son ouvrage *De la monarchie selon la charte*, publié en 1816, il explique que cette formule a été inventée sous Louis XVI et qu'elle a déjà été utilisée pour tempérer le zèle des défenseurs de l'Ancien Régime. Avec les conséquences, désastreuses aux yeux de Chateaubriand, que l'on sait.

PÉRIODE 1872
LIEU Allemagne

# Aller à Canossa

**Définition** S'humilier publiquement en cédant devant son adversaire.

**Origine** Depuis 1059, la papauté lutte contre les mauvaises pratiques du clergé. Afin de mieux contrôler ses représentants, l'Église décide de mettre un terme à l'investiture des évêques par les détenteurs de l'autorité temporelle. Il était en effet courant de voir les souverains désigner évêques et abbés en leur remettant des terres qui les plaçaient ainsi sous leur tutelle. Henri IV, empereur du Saint Empire, refuse de perdre son pouvoir de nomination et s'engage contre le pape Grégoire VII dans ce qui a été appelé « la querelle des Investitures ». Henri IV proclame officiellement la déposition du pape par une assemblée d'évêques. Grégoire VII répond par l'excommunication de l'empereur, qui finit par implorer son pardon lors de la rencontre de

Canossa, résidence pontificale du nord de l'Italie, en 1077. Ce qui ne l'empêchera pas de renouveler son affront deux ans plus tard. Mais celui qui a fait de cette rencontre une expression à part entière est le ministre-président prussien Otto von Bismarck. Le vainqueur de la France en 1870 mène en effet une politique résolument anticléricale afin de parvenir à l'unification de la nation allemande. Craignant le parti catholique partisan du fédéralisme, il place le clergé sous le contrôle étroit de l'État. Au pape Pie IX, qui condamne ces mesures et encourage la désobéissance du clergé, il oppose une répression féroce et une phrase lapidaire : « *Nous n'irons pas à Canossa.* » Entendre : « Je ne m'abaisserai pas à négocier. »

PÉRIODE 1853
LIEU France

# S'il n'en reste qu'un, je serai celui-là

**Définition** Ce vers de Victor Hugo illustre la défense de convictions ou de principes menacés, quel que soit le défi à relever pour préserver l'honneur et la dignité de celui qui ne peut se résoudre à y renoncer.

**Origine** Comme bon nombre d'écrivains de son époque, très agitée sur le plan politique, Victor Hugo, à l'instar de Chateaubriand ou de Lamartine, n'est pas seulement un homme de lettres. À partir de 1843, il interrompt sa carrière littéraire pour entrer en politique. Député de la IIe République, il participe aux journées de juin 1848, est élu à l'Assemblée nationale et soutient la candidature de Louis Napoléon Bonaparte à l'élection présidentielle. Mais il se détache de celui chez qui il perçoit déjà la vocation autoritaire. Aux lendemains du coup d'État du 2 décembre 1851, poursuivi pour incitation à l'insurrection, il s'enfuit à Bruxelles, puis à Jersey et Guernesey. Il y reprend la plume poétique et rédige *Les Châtiments*. Dans le poème *Ultima Verba*, il défend avec lyrisme l'exil comme geste d'honneur politique. Il fustige ceux qui profitent de l'amnistie pour retrouver leur pays et clame que s'il doit ne rester qu'un seul exilé, alors il sera celui-là.

PÉRIODE 1855
LIEU Crimée

# J'y suis, j'y reste

**Définition** Quelle que soit la force de la contrainte, celui qui prononce ces mots n'est pas disposé à laisser le champ libre, ni à céder à qui que ce soit sa place chèrement acquise.

**Origine** En 1854, le tsar russe Nicolas Ier occupe les territoires du nord de l'Empire ottoman. Au mois de mars, la France et la Grande-Bretagne, suite à l'échec de leurs requêtes diplomatiques de retrait, s'engagent dans la guerre de Crimée. Après avoir remporté la bataille de l'Alma le 20 septembre, les troupes franco-britanniques tentent de prendre Sébastopol, au bord de la mer Noire. Mais la ville est solidement défendue par une imposante batterie de canons. Débute alors un siège long et meurtrier : le froid, les épidémies et les bombardements déciment assaillants comme assiégés. Ce n'est que le 8 septembre 1855 que l'assaut est donné à la tour Malakoff par les hommes du général français Patrice de Mac Mahon. Après plusieurs heures de combat, les Français tiennent la place, mais la précarité de leur situation inquiète le commandant en chef britannique, lord Raglan. Lorsqu'il s'enquiert de sa capacité à résister, Mac Mahon lui répond catégoriquement : *« J'y suis, j'y reste ! »*

PÉRIODE 1880
LIEU France

# Ni Dieu ni maître

**Définition** Le titre du journal blanquiste est devenu la devise du mouvement anarchiste, qui ne reconnaît aucune autorité supérieure.

**Origine** Auguste Blanqui est une figure singulière du XIXe siècle. Ce méridional a consacré sa vie à la révolution. Il entre à 19 ans dans la société secrète des Carbonari, qui complotent, sous le Premier Empire, contre le retour des Bourbons. Il participe aux journées de juillet 1830, qui préludent à la chute de la Restauration, et manifeste en janvier 1831 contre la toute jeune monarchie de Juillet. Son arrestation, en 1832, pour création d'une société révolutionnaire est la première d'une très longue série. En 1836, il est condamné pour fabrication d'explosifs. En 1840, il encourt la peine de mort au motif qu'il a fomenté le soulèvement de mai 1839, mais il échappe à la sentence et se voit gracié. De retour à Paris, il poursuit son activité révolutionnai-

5 CENTIMES

NI DIEU NI MAITRE

ORGANE COMMUNISTE - ANARCHISTE

paraissant tous les quinze jours.

BUREAUX & ADMINISTRATION

28, Rue de la Vierge-Noire, 28

BRUXELLES

re en organisant les journées du printemps 1848 et milite évidemment contre le Second Empire. Après un énième emprisonnement, il fuit vers la Belgique. À la chute de Napoléon III, le voilà de retour, participant aux émeutes contre le gouvernement de Thiers, qui s'empresse de le faire enfermer. Blanqui ne peut participer à la Commune de 1871, mais ses partisans vont y prendre une part essentielle. De même qu'il a échappé à la peine de mort, il évite la déportation. En 1880, âgé de 75 ans, il crée son journal, dont le titre *Ni Dieu ni maître* reflète la pensée blanquiste : un socialisme ne reposant pas exclusivement sur la classe ouvrière, la révolution, menée par quelques esprits éclairés, devant constituer l'arme essentielle pour renverser l'ordre bourgeois.

PÉRIODE XIX^e^ siècle
LIEU Paris

# Faire la tournée des grands-ducs

**Définition** S'offrir une foule de plaisirs sans regarder à la dépense.

**Origine** La France a toujours eu une place particulière dans le cœur des Russes. Tantôt aimée, tantôt haïe, elle n'a jamais laissé le grand empire indifférent. Si Anne de Kiev a été reine des Francs en 1051, c'est surtout à partir du XVIIIe siècle et du règne de Pierre le Grand que l'influence française prend toute son ampleur à la cour impériale. Ce dernier vient en visite à Versailles, reproduit dans son pays les canons architecturaux de l'époque ; le français, langue de la culture et du raffinement, devient la langue de la cour. Se succèdent ensuite plusieurs générations d'empereurs et surtout d'impératrices farouchement francophiles. Même si la Révolution et les ambitions napoléoniennes (de l'oncle comme du neveu) ont quelque peu rafraîchi les relations franco-russes, la fin du XIXe siècle est marquée par un retour de flamme. La vie parisienne de la Belle Époque séduit les membres de la famille impériale russe (appelés « grands-ducs » et « grandes-duchesses »), qui viennent profiter (souvent incognito) de son luxe, de son vin (surtout de Champagne) et de sa vie nocturne et artistique.

PÉRIODE XVIIIe siècle
LIEU France

# Mener une vie de patachon

**Définition** Le patachon était un homme toujours sur les routes, profitant de l'accueil des auberges, de leur vin et de rencontres amoureuses. « Mener une vie de patachon » signifie donc ne jamais rester en place et mener une vie quelque peu dissolue.

**Origine** La patache, dont l'étymologie est sans doute espagnole, la *pataje* désignant un bateau léger, est, depuis le XVIe siècle, une embarcation utilisée aussi bien sur les fleuves qu'en mer, au service, par exemple, des grands navires. Elle permet de faire la liaison entre le port et les vaisseaux ou de porter les messages entre ces derniers. Elle sert à transporter la collecte de divers impôts en nature (comme le sel de la gabelle), ainsi que leurs percepteurs. Au XIXe siècle, ces petits navires de fortune désignent, par extension, des voitures légères, appelées également « demi-diligences ». Ces véhicules hippomobiles aux suspensions médiocres, conduits par un patachon, permettent de voyager pour une somme modique. En 1862, dans *Les Misérables*, Jean Valjean, après l'accident de son tilbury, voit comme une providence « *cette guimbarde, cette patache, cette chose, quelle qu'elle fût, [qui] roulait sur ses deux roues et pouvait aller à Arras* ».

PÉRIODE XIX^e siècle
LIEU France - Ardèche

# Ne pas être sorti de l'auberge

**Définition** Avoir encore bon nombre de difficultés à surmonter avant de parvenir à ses fins.

**Origine** Les origines de cette expression sont diverses, tout comme les embûches sur le chemin de celui qui cherche à se sortir de l'auberge. La première serait l'emploi argotique du terme « auberge ». Parce qu'elle offre le gîte et le couvert, la prison (ou le bagne) semble avoir pris parfois le surnom d'« auberge »... une auberge dont, par définition dans le cas présent, nul ne peut sortir aisément. La seconde viendrait de ce que toutes les auberges n'étaient pas toujours des havres de paix, loin s'en faut. Mauvais coucheurs, mauvais payeurs ou mauvais buveurs pouvaient rendre difficile la sortie, en toute tranquillité, de l'établissement. Enfin, la dernière origine possible serait la sinistre histoire de l'auberge ardéchoise de Peyrebeille,

surnommée « l'auberge rouge ». Dans la première moitié du XIXe siècle, Pierre Martin et son épouse Marie, propriétaires des lieux, sont réputés pour leur accueil chaleureux et leur table fournie. Mais en réalité, le couple y aurait dépouillé et assassiné une cinquantaine de clients, qu'ils auraient ensuite incinérés dans leur four. Ils sont dénoncés, avec leur domestique Jean Rochette, par un vagabond qui les aurait vus agir. Malgré leurs dénégations, ils sont guillotinés en octobre 1833, devant une foule de près de 30 000 personnes. L'histoire est entrée dans le folklore populaire grâce aux chansons, à la littérature puis au cinéma, qu'elle a largement inspirés.

PÉRIODE XIX$^{e}$ siècle
LIEU France

# Être une tête de Turc

**Définition** Être le souffre-douleur de quelqu'un ou d'une communauté, celui sur qui tombent toujours les railleries ou les reproches.

**Origine** Les Turcs, les Ottomans, effraient le Proche-Orient et l'Occident depuis l'Antiquité. Nomades des grandes plaines, venus à la suite d'Attila, mercenaires, pilleurs, ils sont dans la Bible puis dans le Coran assimilés aux peuples de l'Apocalypse. Les invasions arabes, les croisades médiévales en Terre sainte, la prise de Constantinople en 1453 par Mehmet II importent en Occident cette peur ancestrale du Turc, qui se sédentarise en Asie Mineure. Au XVIII$^{e}$ siècle, les philosophes des Lumières (tel Montesquieu dans ses *Lettres persanes*) dénoncent la violence, l'autoritarisme, l'absence de valeurs morales de la société occidentale au travers de l'image du Turc et de l'Empire ottoman, symbole de la non-civilisation, de la force brutale. Aussi n'est-il pas étonnant que le Turc ait été choisi pour servir de punching-ball dans les foires du XIX$^{e}$ siècle. La « tête de Turc » est ainsi une attraction qui permet d'évaluer sa force en frappant sur un dynamomètre, appareil destiné à mesurer la force musculaire. Celui-ci est dissimulé derrière le visage d'un Turc enturbanné.

PÉRIODE 1917
LIEU France

# La guerre ! C'est une chose trop grave pour la confier à des militaires

**Définition** Pour Clemenceau, la guerre doit être conduite par des hommes politiques et non par ceux dont c'est le métier – une manière de réaffirmer la prééminence des civils sur les états-majors, la suprématie du pouvoir exécutif mandaté par le peuple, dont les choix doivent être guidés par l'intérêt général : l'« Union sacrée », si chère au « Père la victoire », plutôt que la promotion d'intérêts particuliers.

**Origine** Lorsque la guerre éclate en 1914, Clemenceau préside la commission sénatoriale de l'armée, exige des comptes et fustige la politique de guerre. En 1917, alors que le conflit s'enlise, le président Poincaré lui confie la direction du conseil. À 76 ans, « le Tigre » dirige la France d'une main de fer pour la porter vers la victoire. Il estime que la guerre n'est pas qu'une question de batailles, mais l'effort d'un pays tout entier. Si les premières sont du ressort des militaires, le second ne peut leur être réservé, car « la guerre ! C'est une chose trop grave pour la confier à des militaires ».

PÉRIODE XIX$^{e}$ siècle
LIEU France

# Avoir une main de fer dans un gant de velours

**Définition** Diriger avec autorité tout en donnant l'apparence de la douceur.

**Origine** Le destin de Jean-Baptiste Bernadotte n'a rien de commun. Fils d'un procureur de Pau, il entre dans l'armée à l'âge de 17 ans et sert comme général aux côtés de Bonaparte lors de la campagne d'Italie. Ce dernier lui confie le commandement de l'armée de l'Ouest après le coup d'État du 18 Brumaire, mais il le perd pour avoir comploté contre le nouveau consul. Cependant, Bernadotte et surtout son épouse, ancienne maîtresse de Napoléon et belle-sœur de son frère Joseph, sont chers au cœur de l'empereur. Aussi le nomme-t-il maréchal en 1804 et prince de Ponte-Corvo en 1806, sans qu'il n'ait jamais remporté de victoire décisive sur les champs de bataille. En 1810, suite au décès sans héritier du prince royal de Suède, les états

> En avril 1814, Bernadotte rencontre le comte d'Artois, futur Charles X, pour le féliciter, et lui rappelle que les Français ont besoin d'être gouvernés par « une main de fer dans un gant de velours ».

généraux suédois, qui regroupent, comme en France, les représentants des différentes catégories de la société, désignent Bernadotte comme successeur. Il se retourne alors contre Napoléon et se voit un instant pressenti pour remplacer celui-ci à la tête de la France par ses nouveaux alliés russes, dont il recevra la couronne de Norvège en 1818. En avril 1814, Bernadotte rencontre, pour le féliciter, le comte d'Artois, futur Charles X, dont le frère Louis XVIII vient d'être appelé sur le trône par le Sénat suite à la destitution de l'empereur. Soucieux de le faire profiter de son expérience, il lui rappelle que les Français ont besoin d'être gouvernés par *« une main de fer dans un gant de velours »*, comme Richelieu et Mazarin le préconisaient.

PÉRIODE 1893
LIEU France

# Fixer la ligne bleue des Vosges

**Définition** Regarder l'horizon, une frontière, tout en ayant la volonté de la dépasser, de la repousser.

**Origine** Après les campagnes napoléoniennes, la guerre de 1870 va déterminer de façon dramatique les relations franco-allemandes pour plus de soixante-dix ans. Napoléon III choisit dans un premier temps la neutralité face au mouvement nationaliste allemand de la deuxième moitié du XIXe siècle, qui réunit par les armes les États germaniques autour du royaume de Prusse. Mais l'affront diplomatique de la dépêche d'Ems, rédigée par Otto von Bismarck, premier ministre allemand, contraint le gouvernement d'Adolphe Thiers à déclarer la guerre, le 19 juillet 1870. En quelques semaines, la France est écrasée. Le traité de paix de Francfort, signé en mai 1871, cède à l'Allemagne l'Alsace et le plateau lorrain. Cette annexion restera une plaie vive pour les Français et les Alsaciens. En 1893, Jules Ferry, député puis sénateur des Vosges, exprime dans son testament ce sentiment douloureux, qui ne sera pas sans conséquences à la veille de la Première Guerre mondiale. Il demande à être enterré *« face à la ligne bleue des Vosges d'où monte [...] la plainte touchante des vaincus »*.

CONTEMPORAIN

# SOMMAIRE

# ANTIQUITÉ

# MOYEN ÂGE

# TEMPS MODERNES

# CONTEMPORAIN

# AUTEUR

## Mélanie Mettra

**Parcours** L'auteur est titulaire d'un DEA d'histoire. Après avoir été professeur des écoles, Mélanie Mettra est depuis 2012 auteur spécialisée en histoire pour Rue des Écoles et les Éditions Lemaitre (livres numériques)..

**Publications** Parmi ses plus récentes (Éditions Lemaitre, 2014-2015) • *La Terreur, le tournant de la Révolution* • *Pompéi et le réveil du Vésuve* • *La Guerre de Vendée* • *La Bataille d'Austerlitz* • *Thomas Jefferson, entre idéaux et réalités du pouvoir* • *Abraham Lincoln et la guerre de Sécession* • *George Washington, à l'origine de la fondation des États-Unis* • *Le Débarquement de Normandie, jour J pour les Alliés* • *Saint Thomas d'Aquin, le docteur angélique* • *Amerigo Vespucci, de l'Amazonie à Rio de Janeiro* • *L'Inquisition, le bras armé de l'Église* • *Gandhi, la force de la non-violence* • *Condorcet, un mathématicien au service de la liberté* • *Edward Jenner et le vaccin contre la variole* • *Roald Amundsen et la course au pôle Sud* • *Copernic et la révolution héliocentrique* • *La Commune de 1871, quand Paris s'insurge.*

LE FIGARO - 14, boulevard Haussmann, 75009 Paris.
**Directeur général, directeur de la publication** : Marc Feuillée. **Directeur des rédactions** :
Alexis Brézet. **Directeur délégué des rédactions** : Paul-Henri du Limbert. **Éditrice** : Sofia Bengana.
**Éditeur adjoint** : Robert Mergui. **Direction artistique** : Clara Serryn.
**Directrice adjointe à l'édition** : Anne Huet-Wuillème. **Édition** : Marie Guiard-Schmid.
**Fabrication et pré-presse** : Marion de Chalonge et Alain Penet.
**Direction de la diffusion** : Philippe Grinberg. **Directeur des ventes** : Laurent Nocca.
**Responsable de la communication** : Marie Muller.
ISBN : 978-2-8105-0741-2, achevé d'imprimer en septembre 2015 sur les presses de l'imprimerie Elcograf,
Italie. Cet ouvrage a été réalisé en collaboration avec les Éditions Garnier. Auteur : Mélanie Mettra.

*À la saint-glinglin…*

# 100 EXPRESSIONS DE NOS GRANDS-MÈRES À SAVOURER

par Laurence Caracalla

*… on sera Gros-Jean comme devant !*

LE FIGARO littéraire

# PRÉFACE
## *par Laurence Caracalla*

Si nos grands-mères tiennent une place à part dans notre cœur, ce n'est pas seulement parce qu'elles nous donnaient le meilleur d'elles-mêmes. On les écoutait aussi, ébloui par leur langage, bien différent du nôtre, plus sophistiqué parfois, plus rationnel toujours. Mais la langue évolue, surtout quand elle est populaire. Et beaucoup de leurs expressions n'ont plus cours aujourd'hui. Qui pour prononcer « Laisse-moi faire, c'est bête comme chou », et autre « Nom d'un petit bonhomme » ? Dans cet ouvrage, nous avons sélectionné 100 expressions de nos grands-mères. Le choix fut rude, on n'imagine pas le nombre de formules drôles, perspicaces, péremptoires, imagées et poétiques qu'elles énonçaient chaque jour. Certaines résistent encore, d'autres ressuscitent, on ne sait pourquoi. Beaucoup ont disparu. Quel dommage ! D'autant que ce sont bien plus que des expressions. Ce sont des madeleines, des souvenirs de notre jeunesse, des petits cailloux blancs que nous faisons tomber un à un derrière nous pour retrouver le chemin de notre enfance perdue.

CHAPITRE
1

# Sur son 31

# SE METTRE *sur son 31*

Pas sûr que les plus jeunes utilisent encore cette expression à l'origine bien mystérieuse. Certains ont longtemps cru que « se mettre sur son 31 », c'est-à-dire s'habiller élégamment, avait un rapport avec la Saint-Sylvestre. Il n'en est rien. Les historiens hésitent : s'agit-il de ces soldats prussiens qui, tous les 31 de l'année, recevaient leurs supérieurs et devaient avoir une tenue irréprochable ? Ou ne serait-ce pas plutôt une déformation du mot « trentain », ce somptueux tissu moyenâgeux composé de trente fois cent fils ? Avec cette étoffe, les plus fortunés se faisaient tailler de magnifiques costumes qu'ils revêtaient les jours de fête. Aujourd'hui, quelques perfides utilisent cette expression avec une certaine ironie : « se mettre sur son 31 », cela peut vouloir dire être un peu trop chic. Mais l'est-on jamais assez ?

# SAPÉ
## *comme un milord*

Milord est un substantif composé de « my » et de « lord », titre honorifique britannique pour « seigneur ». Dans l'esprit des Français, les Anglais avaient (et ont toujours ?) du chic. Au début du XXe siècle, on apercevait dans les rues de Londres autant de chapeaux melons que de bérets dans le Pays basque. La chanson *Milord* d'Édith Piaf (*« Votre foulard de soie flottant sur vos épaules, vous aviez le beau rôle, on aurait dit le roi »*) témoigne qu'on appelait ainsi les hommes de la haute société, riches et distingués, qu'ils soient anglais, français ou... norvégiens. Le verbe « saper » qui signifie, vous l'aurez compris, « s'habiller » est apparu dans les années 1900 dans le langage populaire. Être sapé comme un milord, c'est donc être au summum de l'élégance.

# METTRE SES HABITS *du dimanche*

Mettre ses habits du dimanche, c'est avoir fait un effort de toilette. Le dimanche, les catholiques vont à la messe et doivent être impeccables par respect pour leur religion, pour le prêtre, pour ne pas détonner dans leur lieu de culte. Mais l'expression peut aussi avoir une connotation moqueuse : être trop habillé, trop élégant, trop chic, qui manque de naturel. Aujourd'hui, on dirait « overdressed ». Plus ironique encore : « Elle a l'air endimanchée », façon pas très gentille de dire qu'elle n'est pas à l'aise dans ses vêtements, donc, par extension, en société, l'équivalent d'« empruntée », « un peu gauche ». Moralité : pour briller de mille feux, il n'est pas nécessaire de porter des tenues raffinées. Mieux vaut avoir de la conversation. À bon entendeur…

# ÇA LUI VA COMME *un tablier à une vache*

La vache est pourtant un bien sympathique mammifère. Mais pourquoi donc l'utilise-t-on sans cesse pour railler son prochain ? « Elle parle anglais comme une vache espagnol », « Il me prend pour une vache à lait », « C'est une peau de vache », on pourrait continuer longtemps. C'est vrai que l'expression « lui aller comme un tablier à une vache », qui date du XIXe siècle, est des plus explicites. On imagine la tête de la pauvre bête si on l'affublait d'un tablier. Le résultat serait grotesque. Aussi grotesque que la personne qui vous fait penser à cette formule. La prochaine fois que vous croiserez votre voisine en sarouel, pensez plutôt à « Ça lui va comme un bonnet à une chèvre », qui existe aussi et qui paraît, Dieu sait pourquoi, moins brutal.

# AVOIR *de la branche*

Si on dit de vous « Il a de la branche », soyez heureux. Cette expression du début du XX^e siècle signifie que vous avez de la classe, de l'élégance. Contrairement à ce qu'on pourrait croire, la « branche » dont il est question n'a rien à voir avec un arbre généalogique et les ramifications qui relient entre elles les grandes familles. Cette formule vient, en fait, du cheval. Si celui-ci avait au XIX^e « de la branche », c'est qu'il avait les proportions idéales, précisément « une petite tête, un garrot long et un cou flexible ». Rassurez-vous, il n'est pas obligatoire d'avoir toutes ces qualités pour « avoir de la branche ».

# IL EST PROPRE *comme un sou neuf*

Elles étaient étincelantes les toutes nouvelles pièces d'un sou au XIXe siècle. Si étincelantes que l'expression « Briller comme un sou » était suffisante pour évoquer une personne d'une propreté irréprochable. Et puis, à force d'être manipulées, les jolies pièces se sont assombries… On dut ajouter « neuf » pour suggérer l'éclat. Propre comme un sou neuf, briller comme un sou neuf, les francs puis les euros n'y ont rien changé : l'expression subsistera longtemps dans la bouche de nos anciens. Qui, rappelons-le, avaient déjà bien du mal avec les anciens et les nouveaux francs. Souvenez-vous des « je te donne 500 francs » qui se réduisait, à notre grand désespoir, en un billet de 5 francs !

# MAIGRE
## *comme un coucou*

Mais de quel coucou s'agit-il ici ? Sûrement pas de la fleur qui serait plutôt épanouie. Non, il s'agit bien de l'oiseau qui, dit-on, maigrit au printemps pour devenir grassouillet en hiver où il était consommé. Une autre source parle du coucou comme d'un oiseau « ingrat », adjectif qui a pu se confondre avec « non gras », donc maigre. Quoi qu'il en soit, l'expression était utilisée autrefois pour les personnes extrêmement maigres. Aujourd'hui, vous perdez deux kilos et quelques nostalgiques pourraient bien vous comparer au coucou. Ce qui était une réprimande est devenu un quasi-compliment, tant on est à la recherche de la minceur à tout prix ! On peut aussi être « maigre comme un clou » et, au XIXe siècle, « maigre comme un hareng saur ». À relier avec « plate comme une limande », autre expression, autre sens, qui ne concerne, vous l'aurez compris, que la gente féminine.

# UN *cache-misère*

C'est au XIXe siècle qu'on adopte cette tournure. On l'utilisait d'abord pour signifier que l'on « cachait » la « misère » de ses habits en s'habillant de manteaux amples mais propres destinés à dissimuler ses hardes. Puis le terme s'est généralisé. Plus de manteaux mais n'importe quels vêtements qui en camouflent d'autres, moins élégants, peuvent être un « cache-misère ». On entend encore :

*« - Mais dis-donc, elle est drôlement jolie ta petite laine.*
*- Tu parles, c'est juste un cache-misère. »*

Certains s'en servent aussi pour parler d'un tissu qui camoufle un meuble en mauvais état. Attention cependant à ne pas demander à un ami si la vieille veste qu'il porte est un « cache-misère ». Il pourrait mal le prendre.

# ÊTRE COIFFÉ *avec le loquet de porte*

S'il est une chose que les grands-mères exècrent, c'est de voir leurs petits-enfants mal coiffés ! Souvenir de leur jeunesse, où le chignon était forcément impeccable, où l'on n'imaginait même pas se présenter les cheveux en bataille. Le loquet de porte est au peigne ce que la fourchette est au rasoir : vous pouvez toujours tenter le coup mais le résultat ne sera pas à la hauteur de vos espérances. Certains ont une autre formule pour se moquer de ces négligents et leur lance : « Tu t'es coiffé avec les pieds du réveil », expression plus délicate que « T'es peigné comme un dessous de bras », très explicite mais fort peu ragoûtante !

# ATTIFÉ COMME *l'as de pique*

Ce n'est pas la carte qu'on préfère. En voyance, l'as de pique, ce n'est pas très bon signe. Au XVIIe siècle, un as de pique était un terme désignant un homme stupide, sans valeur, qu'on ne pouvait respecter. Molière utilise l'expression dans ses pièces et ce n'est pas pour qualifier son charmant jeune premier. Au fil des siècles, être attifé comme l'as de pique, c'est être mal habillé, négligé, le contraire de l'élégance. On peut être aussi « bâti comme l'as de pique » qui prend ses origines dans la forme de l'as. Les joueurs de cartes vont comprendre. Les autres devront faire un petit effort de mémoire. Un as de pique ressemble à s'y méprendre à… un croupion de poulet. Autant dire à la partie du corps la moins séduisante de l'oiseau. Nous vous laissons tirer les conclusions qui s'imposent.

# COUVERT *comme un oignon*

C'est ce qu'on aime dans ces expressions désuètes. Elles sont, pour la plupart, criantes de vérité. Avez-vous déjà épluché un oignon ? Avez-vous déjà pesté contre ces couches et ces couches de feuilles qu'il faut retirer pour obtenir enfin les bulbes à cuisiner ? Vous comprenez alors pourquoi, lorsqu'on vous voit revêtu de vos multiples petites laines, on vous compare à cette plante de la famille des *Amaryllidaceae*. Cette jolie formule est de moins en moins employée même si l'être humain, malgré le réchauffement climatique, est de plus en plus frileux. Dans le Midi, on dira aussi « couvert comme saint Georges », le saint homme étant toujours représenté avec une armure. Il faut dire qu'elle lui permit de terrasser un dragon et, par là même, de sauver la fille d'un roi… Alors, restons couverts, on ne sait jamais.

# ET TOUT *le saint-frusquin*

C'est une expression tombée en désuétude aux origines énigmatiques. On disait au XVIIe siècle le « frusquin » pour désigner les vêtements, puis il change de sens et signifie l'argent et, plus généralement, tout ce qu'on possède. Dire « manger tout son saint-frusquin » signifiait dépenser tout son capital. Pourquoi « saint » ? Mystère et boule de gomme. Plus tard, la formule change et se transforme en « et tout le saint-frusquin » qui équivaut, à la fin d'une énumération, à « et tout le reste ». Comme dans « j'ai pris mes chaises, ma table et tout le saint-frusquin ». Quelques variantes existent avec « et tout le tralala » ou encore « et tout le toutim », tout aussi démodées mais franchement rigolotes.

# GROS-JEAN *comme devant*

Nous présentons toutes nos excuses aux hommes prénommés Jean. Car il nous faut révéler la vérité sur cette expression célèbre mais en voie de disparition. Un « Gros-Jean » était, au Moyen-Âge, un niais, un abruti, un benêt. Le terme « devant » signifiait à l'époque « avant ». Ainsi « être Gros-Jean comme devant », c'est être aussi bête qu'avant, sous-entendu Gros-Jean, malgré le fait qu'on lui ai précédemment expliqué quelque chose, n'a toujours rien compris. Plus tard, cette tournure change légèrement de sens. « Être Gros-Jean comme devant » exprime le fait d'être déçu d'une situation malgré les efforts qu'on a fournis, ne pas être plus avancé, être dans la mouise. C'est M. de La Fontaine qui, utilisant cette expression dans sa fable « La laitière et le pot au lait », l'a rendue populaire. On ne vous rappellera pas le prénom du grand homme...

# EN BAVER *des ronds de chapeau*

Que vous ayez souffert physiquement à cause d'un travail pénible, ou psychiquement après avoir vécu un chagrin d'amour, on peut dire avec certitude que vous en avez bavé des ronds de chapeau. Si « en baver » peut se traduire par « en voir de toutes les couleurs », sachez qu'au XIXe siècle, il était au contraire synonyme de « béat d'admiration » : on ouvrait la bouche d'émerveillement si longtemps qu'on en salivait ! Le terme « ronds de chapeau » est plus mystérieux. Il s'agit sans doute de l'époque où les modistes utilisaient un rond en plomb, extrêmement lourd, pour maintenir la forme du chapeau. Ce travail, en plus d'être minutieux, était épuisant. Ajouter « baver » à « ronds de chapeau » et vous l'aurez compris, celui qui prononce cette expression ne sera pas à prendre avec des pincettes.

# ÊTRE *chocolat*

Encore une expression qui pourrait porter à confusion. Non, être chocolat ne signifie pas être amateur de Nutella. Mais plutôt avoir été dupé, comme dans « il m'avait promis monts et merveilles et je suis chocolat ». Drôle de métaphore qui a pourtant son explication. Au cours du jeu de bonneteau, l'un des participants doit trouver, parmi trois cartes, laquelle est la sienne. Son adversaire mélange les cartes à toute vitesse provoquant la confusion de son adversaire. Un jeu qui était très populaire et qui, pour ameuter le plus grand nombre, utilisait un « appât ». Un compère faisait donc semblant de gagner afin d'attirer le chaland. On disait qu'il « faisait le chocolat », le comparant ainsi à une confiserie qui tentait l'ingénu. Puis, par extension, ce fut le joueur abusé qui fut appeler « le chocolat ». Être chocolat, c'est s'être fait avoir.

POPCORN

# SE SUCRER *le bec*

Les gourmands comprendront aisément cette formule. Le « bec », c'est bien sûr la bouche. « Se sucrer le bec », c'est se régaler d'un met sucré. Cette expression viendrait tout droit du Québec, même si elle a été entendue dans le nord de la France où l'on dit aussi « Avoir le bec sucré », sous-entendu préférer les gâteaux aux viandes et légumes. Rien à voir donc avec « Sucrer les fraises », entendez : atteindre un âge plus qu'avancé, expression renvoyant aux tremblements des vieillards qui ne peuvent tenir convenablement leur cuiller ! On pourrait presque dire : enfant, on se sucre le bec, âgé, on sucre les fraises. La boucle est bouclée.

# À TOUT(E) *berzingue*

C'était pourtant une expression que l'on entendait sans cesse au siècle dernier. Comme les modes se démodent ! Plus personne n'emploie cette jolie façon de dire à toute vitesse, à toute allure. Ce drôle de mot « berzingue » vient tout droit du patois picard, une déformation de « brindezingue » qui veut dire « ivre » et qui est, lui, dérivé du mot « brinde » qui signifie « porter un toast ». On comprend donc que la vitesse est étroitement liée à l'ivresse ! Jacques Dutronc a intitulé l'une de ses chansons *À toute berzingue*, ce qui nous rendrait encore plus nostalgique de la fin des années 1960, date à laquelle elle a été composée. On n'oubliera pas non plus « À toute pompe », « À toute blinde » et même « À toute bringue », formules quelque peu oubliées également.

# FORT *comme un Turc*

N'imaginez pas croiser des athlètes à chaque coin de rue d'Istanbul. Aux dernières nouvelles, les Turcs ne sont pas plus musclés que les Azerbaïdjanais. Alors comment sont-ils devenus le symbole de la force pour nous, Français ? Il faut remonter loin, au XVIIe siècle, et se souvenir que les Turcs étaient un peuple de redoutables guerriers. On les disait cruels, féroces, des barbares prêts à tout pour conquérir l'Europe, l'Afrique et l'Asie. Une autre source assure que ce fut le roi François Ier qui, le premier, employa cette formule. Lorsque le sultan Soliman le Magnifique lui offrit une armure en gage de leur alliance, il aurait dit en la revêtant : *« Me voici fort comme un Turc. »* C'était en 1525, mais certaines expressions ont la peau dure.

# CHERCHER *des noises*

Les relations humaines étant ce qu'elles sont, c'est-à-dire compliquées, il arrive qu'on utilise cette expression vieillotte pour se plaindre d'un individu qui vous veut du mal, qui cherche la bagarre. Si, au XIe siècle, les « noises » signifiait bruits - d'où le mot anglais « noise » -, il changea peu à peu de sens pour devenir un synonyme de « querelles ». C'est au XVIIIe siècle que l'expression, telle qu'on la connaît aujourd'hui, est apparue. On disait même à l'époque « Chercher noise pour noisette », ce qui signifiait « se disputer pour rien » puisque « noisette » voulait dire « rien, pas grand-chose ». Aujourd'hui, on dirait plutôt « peanuts », ce qui, comme c'est bizarre, est la traduction anglaise de « cacahuète » !

## FAIRE *du ramdam*

Cette expression désuète semble tout droit sorti d'un dialogue de Michel Audiard. Pourtant, contrairement aux apparences, ce n'est pas de l'argot. Seulement une déformation de mot. Le « ramdam » vient de « ramadan ». Si « faire du ramdam » n'est plus tellement usité, on sait que cela signifie faire beaucoup de bruit. Au XIXe siècle, le « ramdam » signifiait seulement « tapage nocturne » : les musulmans profitent du coucher du soleil pour se nourrir et se détendre et sont, par conséquent, plus bruyants la nuit que le jour. Plus tard, l'expression a perduré et a changé légèrement de sens : on peut aussi faire du ramdam à deux heures de l'après-midi ! Comme on peut faire « du potin », autre formule pour dire son agacement à ceux qui nous cassent les oreilles.

# TAILLER *une bavette*

On taille une bavette comme on discute le bout de gras, et pourtant cette expression n'a rien à voir avec une pièce de bœuf, ni avec un boucher aussi sympathique soit-il. La « bavette » tient son origine de « bave » qui était, au XVe siècle, une façon de désigner le babil des enfants. Peu à peu, la « bave » se généralise pour qualifier le « bavardage » des grands comme des petits. Pour le verbe « tailler », sachez qu'au XIIIe siècle, on disait « tailler bien la parole » pour dire « parler avec éloquence ». En associant l'un avec l'autre, on a créé cette formule qui fut longtemps péjorative et destinée aux femmes. Elle signifiait caqueter, jacasser et faire des commérages puisqu'il est bien connu que c'est une spécialité exclusivement féminine. Peu à peu, « tailler une bavette » est devenu une manière bien inoffensive - et mixte ! - d'exprimer le fait d'avoir une petite conversation.

TAP TAP

# LE ROI *n'est pas son cousin*

À la cour de Louis XIV, les princes de sang, les maréchaux, les personnages illustres et proches du roi se faisaient appeler « cousins » par leur souverain. Si, à l'époque, on disait de vous « le roi n'est pas son cousin », c'est que vous pensiez être mieux que cela, son égal, voire, crime de lèse-majesté, son supérieur. Autant dire que vous paraissiez aux yeux des courtisans comme le pire des prétentieux. Plus tard, cette connotation négative s'est atténuée. On prononcera cette expression avec une pointe d'ironie bienveillante, pour exprimer la simple fierté d'un travail accompli, comme dans « Il a réussi ses examens, le roi n'est pas son cousin ». Attention : « Tu te crois sorti de la cuisse de Jupiter » ou « Tu pètes plus haut que ton cul » attestent aujourd'hui encore que vous ne vous prenez pas pour la moitié d'une mandarine.

# VIEUX *comme Hérode*

En réalité, en prononçant cette phrase, on ne sait pas très bien qui est cet Hérode mais on imagine un vieillard centenaire, célèbre pour sa longévité. Que pouic ! Au Ier siècle après J.-C., Hérode est un roi de Judée, son fils aussi, son petit-fils également. Bref, les Hérode étaient nombreux et on ne sait pas très bien lequel a donné son nom à cette expression. De plus, personne ne peut attester qu'ils vécurent plus longtemps que la moyenne, sachant qu'à cette époque, mourir à 35 ans était un exploit. Il serait plus logique de dire « vieille comme Jeanne Calment » qui elle, c'est certifié, a rendu l'âme à 122 ans. Des petits malins ont transformé « Vieux comme Hérode » en « vieux comme mes robes » au même titre que « Fier comme Artaban » est devenu « Fier comme un petit banc » ou « Fier comme un bar-tabac ».

# CRACHER *sa Valda*

On l'entendait dans les cours de récréation. Il suffisait d'être un peu long à la détente pour qu'un camarade mal intentionné, exaspéré par des explications trop compliquées et notre manque de sincérité, lance « Tu la craches ta Valda », voire « accouche », mieux « tu vas te mettre à table ». La Valda, cette pastille pour la gorge inventée en 1904 par Henri-Edmond Canonne, pharmacien de son état et roi du marketing, fut un best-seller du médicament. Ce petit cône à l'eucalyptus, dont les publicités s'affichaient un peu partout dans les rues de Paris et d'ailleurs, devint si célèbre qu'il fut même utilisé par les malfrats pour désigner les balles de leur pistolet. Et également pour cette expression qui fonctionne même quand vous n'avez pas d'angine.

TROUILLOMÈTRE
10
5
0
BREVETÉ

# AVOIR *le trouillomètre à zéro*

Le trouillomètre est un instrument de mesure singulier. Il existe dans la tête de ceux qui ont franchement peur, qui ont « la trouille ». Si on devait calculer à quel point ils ont peur, à quel point ils ont la trouille... ce ne serait pas bien brillant. Autant « avoir la trouille » est toujours usité, autant « le trouillomètre » a tendance à disparaître du vocabulaire français. C'est bien dommage, tant le terme est amusant. Frédéric Dard a d'ailleurs titré ainsi, en 1987, l'une des aventures de San Antonio. Il existe bien des synonymes pour exprimer la peur comme « avoir les jetons », « avoir les foies », « avoir les chocottes » et l'éternel « avoir les pétoches ».

# BON *comme la romaine*

Même si nous sommes tous d'accord pour apprécier le charme des habitantes de Rome, il est question ici de la salade croquante, utilisée entre autres pour la Ceasar Salad, particulièrement prisée par les Américains. En France, on l'a découverte au XVe siècle et on n'avait jamais mangé plante potagère plus délicieuse. Aussi, on commença à s'exclamer « Il est bon comme la romaine » dans le sens de : cet homme est la gentillesse incarnée. Et puis, parce que le monde est cruel, on a utilisé cette formule pour se moquer gentiment d'un individu un peu trop charitable, donc un peu trop faible. Comme souvent, les expressions ont plusieurs sens. « Être bon comme la romaine » peut aussi signifier que l'on s'est fait avoir : « Je suis arrivé en retard à mon rendez-vous et c'était trop tard. J'étais bon comme la romaine. »

# TRANQUILLE *comme Baptiste*

Si vous êtes d'un naturel détendu, on vous a sûrement comparé une fois à Baptiste, même si vous ne connaissez pas personnellement ce monsieur. Mais pourquoi donc ce prénom ? Les historiens hésitent et supputent sur les origines de cette expression qui date, c'est sûr, du XIX$^{e}$ siècle. Baptiste pourrait faire allusion au cousin de Jésus, Jean le Baptiste, dit saint Jean Baptiste, réputé pour son humilité, sa quiétude et sa facilité à se satisfaire de peu. Mais on évoque aussi un autre Baptiste, sorte de Pierrot, personnage de foire qui jouait au niais et subissait avec passivité et sans jamais broncher les coups que lui administrait le public. Enfin, Baptiste pourrait être cet acteur de la Révolution française, très populaire, un comique qui s'amusait à faire le nigaud et qui, malgré l'hilarité des spectateurs, restait stoïque.

CHAPITRE
2

# Conter fleurette

# AVOIR *le béguin*

Lorsque le Belge Lambert le Bègue, prêtre de son état, fonda à Liège, au XIIe siècle, un couvent de religieuses surnommées les béguines, il n'a sûrement pas imaginé être un jour à l'origine d'une expression signifiant « être amoureux », « être épris ». Point d'histoires d'amour dans cette institution, seulement des sœurs qui arboraient une coiffe en toile appelée « béguin ». Or, « se coiffer d'une personne » a longtemps été synonyme de « être aveuglé par une personne ». On comprendra alors qu'avoir le béguin, c'est être amoureux au point de ne plus voir les défauts de l'être chéri. Au XVIe siècle, on disait aussi « Avoir le béguin à l'envers » pour « être tout retourné », au sens sentimental du terme.

# COURIR *le guilledou*

On n'aimait pas beaucoup ces garçons qui papillonnaient d'une fille à l'autre, ces garnements qui charmaient les demoiselles mais ne les épousaient pas. Un cauchemar pour les mères. On disait d'eux qu'ils couraient le guilledou, expression qui tient ses origines du verbe « guiller », autrement dit « tromper », « ruser ». Au XVI^e siècle, on « courait le guildron » pour courir l'aventure (galante) et on « courait le guildrou » au sens de fréquenter les bas-fonds, autant dire les prostituées. Les Don Juan nouvelle génération n'ont plus besoin de se rendre dans les lieux de débauche pour courir le guilledou. L'expression devient même, au fil des siècles, moins péjorative, presque complaisante.

# FAIRE *du gringue*

Combien de fois avons-nous entendu cette formule dans la bouche de nos parents ! Mais le « gringue », quèsaco ? Ce mot est sans doute issu d'un terme du Moyen-Âge, « grignon », qui désignait la croûte du pain. Or, il fut un temps où l'expression « faire des petits pains » signifiait, comme « faire du gringue », courtiser, faire la cour... On disait aussi « faire du plat » dont l'origine date du XVe siècle. Le « plat », c'était la langue et « donner du plat » prononcer de belles paroles, baratiner. On ne verra plus un seul adolescent dire une chose pareille, s'il s'y essayait, gageons qu'il ferait chou blanc. Il préfèrera « draguer », voire « brancher une fille ». Moins poétique, moins imagé, même si le résultat est identique.

# MARIE-
# *couche-toi-là*

Les historiens ne se sont pas mis d'accord sur l'expression « Marie-couche-toi-là ». Ou plutôt ne sont pas très sûrs de connaître son origine. Rassurons immédiatement toutes celles qui portent ce prénom, elles ne sont pas personnellement visées. La Marie en question pourrait être Marie-Madeleine, célèbre prostituée citée dans l'Évangile, sauvée du vice par Jésus. Mais une autre hypothèse est apparue. À partir du XVIIIe siècle, nombre de femmes de chambre s'appelaient Marie, prénom très populaire. Leurs maîtres ne se gênaient pas pour fricoter sans risque avec elles : se plaindre, c'était perdre sa place. Non, ce n'est pas beau. Oui, c'était comme ça. Désormais, les « Marie-couche-toi-là » sont des femmes aux mœurs légères bien plus dégourdies que les petites servantes de l'époque : de sacrées gourgandines.

# COURIR *la gueuse*

Celui qui court la gueuse est à la recherche d'aventures amoureuses. La « gueuse », dont il est ici question, était une femme de mauvaise vie, une prostituée. Mais l'expression s'est étendue à toutes les femmes, plus uniquement les professionnelles. Le coureur de gueuses ne va pas forcément passer ses soirées rue Saint-Denis. Dans ce même registre, on disait aussi, au XVIIIe siècle, « courir la prétentaine » sans que l'on connaisse l'origine du mot « prétentaine », même si certains affirment qu'il s'agit du bruit que font les chevaux en galopant. Mystère. Soyez sûr d'une chose : vous n'entendrez jamais vos enfants utiliser cette formule pour se moquer d'un de leurs camarades un peu plus intrépide que les autres avec les filles. « La gueuse » dans leur esprit est, et sera pour toujours, la manière dont Jacquouille la Fripouille appelle une femme dans le film *Les Visiteurs* !!!

# JETER
## *sa gourme*

Cela faisait partie des idées toutes faites : le plus vertueux des jeunes gens finira un jour ou l'autre par « jeter sa gourme ». Il passera du petit garçon bien peigné au débauché notoire. Au moins pour quelque temps. Et c'est tant mieux car il entrera ainsi dans le monde des adultes avec une certaine expérience de la vie. On ne parlait alors que des garçons, les filles ne jetant jamais leur gourme, imaginez sinon ce qu'on penserait d'elles. Mais qu'est-ce donc que cette « gourme » qu'on jetait sans complexe ? Une maladie pas très ragoûtante, sorte de pus qui se propageait dans la bouche du cheval. Cette maladie bénigne ne touchait que les plus jeunes poulains, était inévitable mais facilement guérissable. Les nuits de fête alcoolisées seraient donc inévitables mais facilement guérissables. L'incorrigible fêtard sera pardonné : ses incartades ne devraient durer qu'un temps, il aura fait son apprentissage et partira d'un bon pied dans la vie.

# AVOIR *la cuisse légère*

Chez les dames d'un certain âge, cette expression est ce qu'on pourrait appeler une litote : en dire moins pour en faire comprendre davantage. « Avoir la cuisse légère » n'est pas un terme inventé par Rudolf Noureev pour une de ses danseuses, ni une manière admirative de dire à une femme comme elle est fine et gracieuse. Tout au contraire, c'est une façon distinguée d'exprimer un fait qui ne l'est pas, aux yeux de certaines vertueuses : une délurée qui a de multiples relations sexuelles. Ouh la la ! On disait aussi, plus explicite, « avoir la cuisse hospitalière », vous m'avez comprise... Bref, ces dames aux cuisses légères ont « du tempérament », entendez qu'elles sont portées sur la chose.

# MENER UNE VIE *de bâton de chaise*

Synonyme de « mener une vie de patachon », il en existe décidément des formules pour qualifier l'homme dépravé qui mène une vie mouvementée. Et c'est justement le côté agité de ce zigomar qui est à l'origine de cette expression. À partir de 1650, les chaises à porteurs sont conçues pour transporter les plus riches. L'habitacle est soutenu par des bâtons latéraux portés par de courageux quidams. On imagine comment, dans les encombrements des grandes villes, ces bâtons étaient malmenés, remués en tous sens, soulevés puis reposés. Voilà pourquoi on compare celui qui va de bras en bras, qui mène une vie dissolue à ces bâtons-là. Une expression qui vit le jour, non pas à l'époque des chaises à porteurs, mais bien plus tard, au XIXe siècle.

# MENER UNE VIE *de patachon*

Le « patachon » est un joli mot, presque enfantin. Mais méfions-nous, il désigne celui qui conduisait la « patache », cette diligence, inconfortable mais bon marché, qu'utilisaient, au XIXe siècle, les plus pauvres. Ce patachon avait une réputation effroyable : buveur invétéré, il se saoulait dans les tavernes et en profiter pour accomplir des actes sur des jeunes femmes que notre délicatesse empêche de relater ici. Est-il alors utile de vous expliquer par le menu ce qu'est « mener une vie de patachon » ? Aujourd'hui, on dirait plutôt « faire les 400 coups », quoi qu'un peu démodé, ou « faire la fête », être un « fêtard ». « Mener une vie de patachon » a aujourd'hui un sens bien moins agressif. Ce n'est en tout cas plus une insulte, plutôt une expression désuète, énoncée avec le sourire, voire de la tendresse.

# CONTER *fleurette*

Les origines de cette expression, qui évoque une façon gentillette de faire la cour, sont multiples. Certains y voient un lien avec la monnaie du XVe siècle. Certaines pièces étaient appelées « florettes » car y étaient gravées des fleurs de lys. Fallait-il donc monnayer systématiquement les faveurs d'une dame pour arriver à ses fins ? Autre explication, plus réaliste, les billets doux qu'adressaient les galants à l'objet de leur affection étaient illustrés de petites fleurs peintes ou découpées. « Envoyer des fleurettes » devint bientôt « conter fleurette ». Enfin, « les fleurettes » étaient une autre façon de nommer les « cajoleries », des petits propos amoureux pas très honnêtes, aujourd'hui on dirait du baratin. Toujours est-il qu'au XIXe siècle, on disait plutôt « fleureter » qui serait devenu « flirter » pour nos amis anglais avant de revenir en France. On n'est pas sûr de la véracité de cette version mais on adore l'idée !

# FAIRE *un chopin*

Rien à voir avec le compositeur, pauvre homme. « Faire un chopin », c'est « faire la conquête d'un homme ou d'une femme qui a du bien ». On dira, par exemple : « Il a bien de la chance d'être tombé sur une fille riche comme Micheline. On peut dire qu'il a fait un chopin. » Le chopin était autrefois le produit d'un vol et est à l'origine de l'expression « choper » pour « dérober », avant de vouloir dire « attraper » ou, plus connu et toujours utilisé, « se faire choper » pour se faire attraper. Aujourd'hui, même si « faire un chopin » a tendance à disparaître complètement du vocabulaire, on l'entend encore pour exprimer sa satisfaction d'avoir fait une bonne affaire… sans sous-entendre qu'on l'a volée !

# FAIRE DES YEUX *de merlan frit*

Pendant longtemps, cette expression signifiait seulement regarder une femme avec passion jusqu'à en devenir niais. Aujourd'hui, elle peut vouloir dire la même chose mais s'est étendue à tous ceux qui ont un regard vide ou qui semblent ne pas comprendre ce qu'on leur dit. Au XVIIIe siècle, on préférait dire « faire des yeux de carpe frite », un poisson sans doute plus populaire en matière de cuisine que le merlan. Toujours est-il que le pauvre garçon – ou la fille – énamouré, dont on compare les yeux à ceux d'un poisson mort, a peu de chance de séduire qui que ce soit.

# UN POLICHINELLE *dans le tiroir*

Mais que diable vient faire Polichinelle, marionnette de la commedia dell'arte, dans cette histoire ? On emploie cette expression lorsqu'on attend un enfant, que le ventre de la mère commence à s'arrondir. Polichinelle ayant la même racine que « pulcino », poussin en italien, on veut dire qu'on a « un poussin dans le ventre », formule qu'on employait d'ailleurs à la Renaissance pour annoncer sa grossesse. Quant au mot « tiroir », souvenez-vous de ce jeu d'enfants duquel surgissent des personnages montés sur ressorts. Il représente ici le ventre qui cache une surprise. Et quelle surprise ! Polichinelle est employé pour une autre expression très française là aussi : « un secret de polichinelle », un secret que tout le monde connaît puisque ce bavard invétéré est incapable de tenir sa langue.

# FAIRE *la sainte-nitouche*

Ne cherchez pas dans le calendrier. Sainte-nitouche n'est pas une martyre du Moyen-Âge, ni un personnage de l'Évangile. C'est plutôt une hypocrite qui fait mine de ne pas y toucher (n'y touche). Associer ce nom à « sainte » est plus fort encore car devenir sainte c'est faire preuve d'un dévouement et d'une pureté absolus. On entend par là que cette sainte-nitouche tente de nous faire croire qu'elle est la pruderie incarnée. Mais personne n'y croit. On l'emploie beaucoup dans le sens d'une jeune fille qui semble sage avec les garçons alors qu'il n'en est rien. Mais par extension, elle incarne toutes les demoiselles qui agissent mal, en catimini, dans bien d'autres domaines.

# COIFFER *Sainte-Catherine*

C'est être célibataire à 25 ans passés. Pas grave aujourd'hui, bien plus il y a quelque temps, où l'on tremblait à l'idée de finir vieille fille. Cette expression un peu vieillotte tient ses origines d'une coutume moyenâgeuse. Le 25 novembre, on fête sainte Catherine, vierge du IVe siècle morte en martyr – plus précisément déchiquetée par une roue faite de scies de fer et de clous – et patronne des jeunes filles. Les célibataires devaient porter, ce jour-là, une coiffe verte et jaune. Verte, couleur de la connaissance, jaune de la foi. Aujourd'hui, cette fête subsiste, particulièrement dans les maisons de couture, où les employés fabriquent et offrent à la « catherinette » un chapeau qu'elle doit arborer. Les hommes ne sont pas en reste : ils ont eux aussi leur saint patron des célibataires en la personne de saint Nicolas. Mais ne sont pas, eux, obligés de porter un couvre-chef.

CHAPITRE
3

# Quel loustic !

# FAIRE *sa Marie-Chantal*

Mais qui est donc cette Marie-Chantal ? Un personnage haut en couleur, déconnecté de la vie réelle, capable, par exemple, de dire à un mendiant qui lui dit « merci » pour son aumône : « Merci, qui ? » Cette jeune personne, quelque peu maladroite, est l'héroïne d'un livre de Jacques Chazot, *Les Carnets de Marie-Chantal*, publié en 1956. L'auteur, ancien danseur, très mondain, meilleur ami de Françoise Sagan, s'amusa à raconter ce qu'il avait entendu dans les salons de la haute société, exagérant à peine la teneur des conversations des élégantes qu'il croisait. Marie-Chantal devint peu à peu synonyme de femme snobissime quoi qu'un peu naïve. « Faire sa Marie-Chantal », c'est tenir des propos ahurissants de sottise tout en pensant être la plus chic des créatures. Molière avait déjà, dans *Les Précieuses ridicules*, abordé à peu près le même sujet...

# BEURRÉ *comme un petit Lu*

La signification de cette expression est la même que « rond comme une queue de pelle », là encore, il est question d'abus d'alcool. « Beurré » est une déformation du mot « bourré » (qui s'emploie d'ailleurs aussi pour saoul) et qui est assez cohérent : avoir l'estomac bourré, c'est qu'il est rempli à son maximum de boissons de toutes sortes. Les fameux biscuits nantais Petit Lu, créés en 1886, avaient la réputation d'être fabriqués avec une grande quantité de beurre (on les appelle aussi les petits beurres). Voici comment d'inoffensifs gâteaux sans alcool ont été comparés à l'ivrogne, pourtant bien moins parfumé, bien moins craquant, mais, hélas, tout aussi beurré.

# SAOUL *comme un Polonais*

Une fois n'est pas coutume, c'est à Napoléon que nous devons cette expression. Souvenez-vous de vos cours d'histoire et de la fameuse bataille de Somosierra en 1808. Les lanciers polonais de la Garde impériale, pourtant peu nombreux, ont réussi à vaincre les ennemis espagnols. L'Empereur, impressionné, se serait exclamé : *« Il fallait être saoul comme un Polonais pour accomplir cela. »* Une autre source rapporte que des généraux français, vexés du triomphe des lanciers, auraient assuré à Napoléon qu'ils étaient tous ivres. *« Eh bien messieurs, la prochaine fois, soyez saouls comme des Polonais »*, répondit-il. On imagine leur tête. Conclusion : tous ceux qui croyaient encore qu'un Polonais était, de nature, plus porté sur l'alcool que les autres en sont pour leurs frais.

# RONT COMME *une queue de pelle*

On pourrait dire sans se tromper que si vous êtes « rond comme une queue de pelle », vous êtes également « rond comme une barrique », voire « rond comme un coing ». Bref, vous êtes tout à fait saoul. Le mot « rond » au XVIIe siècle, voulait simplement exprimer le fait qu'on était rassasié, à tel point que notre estomac s'arrondissait. Puis, dès le XVIIIe siècle, le sens de « trop manger » s'est transformé en « trop boire », donc être ivre. Quant à la pelle, regardez bien, elle est effectivement ronde à l'extrémité du manche. Cette pelle peut, par ailleurs, désigner une manière osée de s'embrasser sur la bouche, mais nous ne nous étendrons pas sur un sujet aussi peu convenable.

# ALLER SE FAIRE *cuire un œuf*

Certaines expressions surgissent, deviennent populaires, sans que personne connaisse jamais leur origine. « Aller se faire cuire un œuf » est une énigme pour les experts. Pour certains, il est possible que la formule soit tronquée et qu'il faudrait dire « Allez se faire cuire un œuf (neuf) à huit heures ». Jeu de mots irrésistible pour signifier une situation impossible et exprimer son agacement. Pour d'autres, ce serait un propos légèrement féministe : un homme qui critiquerait le repas préparé par sa femme se ferait rabrouer par un « Si ça ne te plaît pas, va te faire cuire un œuf ». Mouais, on n'est pas satisfait par cette explication mais pourquoi pas. Toujours est-il qu'on a cherché en vain une interprétation plausible et que, si vous n'êtes pas content, allez-vous faire cuire un œuf.

# QUEL *loustic !*

Le mot « loustic » est d'origine allemande, « lustig » signifiant en langue germanique « gai ». Or, avant la Révolution française, l'armée engageait de jeunes Suisses amusants et farceurs pour divertir les soldats et faire en sorte qu'ils gardent le moral, on les appelait des « loustics ». Petit à petit, il est devenu synonyme de « rigolo », de « joyeux drille », et pas seulement dans les régiments. Le « loustic » peut aussi désigner, de manière plus péjorative, un gars bizarre, qui n'est pas digne de confiance. Mais, soyez tout à fait rassuré, quand une grand-mère traite son petit fils de « drôle de loustic », c'est simplement une tendre façon de lui dire qu'il est un sacré garnement.

# COURIR *sur le haricot*

Quelle charmante expression pour signaler à son interlocuteur qu'il est exaspérant, agaçant, pénible, insupportable. « Tu commences vraiment à me courir sur le haricot » ne doit pas être pris au pied de la lettre. Le haricot en question n'est pas le délicieux petit légume que vous imaginiez. Il signifie aussi « orteil » en argot. Même s'il est contrariant de se faire écraser les doigts de pied, l'expression viendrait plutôt du terme « haricoter » qui signifiait au XIXe siècle « être mesquin ». Quant à « courir », il était synonyme au XVIe siècle d'« importuner ». Mélangez les deux mots et, comme par enchantement, surgit cette exclamation qu'on peine parfois à garder pour soi. Les plus jeunes, moins inventifs, diraient plutôt : « Tu me saoules. »

# L'AVOIR *dans le baba*

Nous aurions souhaité vous décrire par le menu cette expression populaire et très usitée depuis la fin du XIXe siècle qui signifie « s'être fait avoir ». Vous dire, par exemple, que le baba en question fait référence au délicieux gâteau imbibé au rhum, appelé aussi savarin. Mais nous sommes dans l'obligation de vous avouer la vérité : le « baba » est en fait, dans ce contexte, le sexe de la femme, qu'on a souvent comparé au fil des siècles à une friandise. Le mot « baba » est aussi utilisé dans une autre expression « J'en suis resté baba » pour « J'en suis resté interloqué au point de ne plus pouvoir prononcer un mot » qui tient, elle, ses origines de la première syllabe de « babines ». Tout simplement.

# LE BON DIEU *sans confession*

Une expression inventée par Émile Zola dans l'un de ses plus célèbres ouvrages *La Bête humaine*, publié en 1890. C'est ainsi qu'il décrit l'un de ses personnages à l'apparence innocente. Le bon Dieu représente ici l'hostie, le corps du Christ, que le prêtre distribue à ses fidèles lors de la messe. Pour en être digne, il faut d'abord s'être confessé, s'être lavé de ses péchés. Celui qui n'a pas besoin de confession pour communier est forcément un être pur. On utilise le plus souvent cette formule dans un sens négatif comme dans « Et dire qu'on lui aurait donné le bon Dieu sans confession ! », pour marquer sa déception devant une personne qu'on croyait honnête et qui s'avère ne pas l'être.

# PEIGNER *la girafe*

Les animaux tiennent décidément une grande place parmi les expressions françaises. Mais que vient donc faire une girafe dans celle-ci signifiant « glander », « ne rien faire d'intéressant », « faire un travail sans aucun intérêt » ? Les sources varient mais on peut imaginer que peigner des heures durant le long cou de ce ruminant n'est pas tâche passionnante. On disait d'ailleurs au départ : « Faire ça ou peigner la girafe », autant dire « faire ça ou rien du tout ». Pour d'autres, l'expression viendrait du début du XIX$^{e}$ siècle. Le roi Charles X, petit-fils de Louis XV, s'est vu offrir par le pacha d'Égypte une girafe. Quatre personnes étaient au service de l'animal, ce qui faisait quand même beaucoup pour cette belle bête, fusse-t-elle démesurée. Un travail plutôt tranquille pour celui dont le rôle était de la peigner.

# JE TE DEMANDE SI *ta grand-mère fait du vélo ?*

« Eh toi ! Arrête de te mêler de mes affaires personnelles. » Voici en quelques mots l'explication de cette expression vieillotte et rigolote qu'on employait beaucoup au début du XXe siècle. Époque où, contrairement à aujourd'hui, les grands-mères n'étaient pas des championnes de la petite reine, puisqu'elles ne montaient jamais sur des bicyclettes. Autant dire qu'on considérait cette idée totalement absurde et non avenue. Cette expression ne vient pas de nulle part mais d'une opérette de 1926, *Les Trois Jeunes filles nues*, dont l'une des chansons célèbres disait : *« Est-ce que je te demande/Si ta grand mère fait du vélo,/ Si ta p'tit' sœur est grande,/Si ton p'tit frère a un stylo,/Si la cousine Fernand, Pour coudre aux rideaux les anneaux/Bien qu'on le lui défende, Prend les aiguilles du phono ? »* Et on pourrait continuer longtemps cette liste d'incongruités...

# T'AS LE BONJOUR *d'Alfred*

Il faut être un spécialiste ou être né dans les années 1920, pour connaître *Zig et Puce*. Ces deux protagonistes sont les héros de la toute première bande dessinée française, créée par Alain Saint-Ogan en 1925. Les deux héros adoptent un pingouin nommé Alfred, qui devient vite un personnage adoré du public. Dans cette BD, lorsque Zig et Puce sortent vainqueurs d'une lutte contre un adversaire, ils s'exclament d'un seul homme « T'as le bonjour d'Alfred », réplique devenue si célèbre qu'elle entre dans le langage commun. C'est à présent une formule employée pour mettre un terme à une conversation et pour se débarrasser d'un importun. Rappelons que le sympathique Alfred est devenu la mascotte de différentes personnalités : Mistinguett avait même baptisé son chien ainsi en l'honneur du pingouin, et Charles Lindbergh, le premier aviateur à avoir traversé l'Atlantique en solitaire, avait, dans sa carlingue, durant son épopée, une peluche à son effigie !

# RABATTRE *le caquet*

Ce n'est pas très aimable à dire, mais il existe des situations où des propos deviennent si intolérables qu'on veut les faire cesser. C'est le moment de « rabattre le caquet » de l'importun qui ne cesse de piailler pour dire n'importe quoi. « Caqueter », c'est ce que font les poules dans une basse-cour, vous serez d'accord. Le caquet, c'est donc ce bruit irritant, qui ressemble à s'y méprendre à celui de l'humain lorsqu'il bavarde, pire lorsqu'il cancane. Au XV$^{e}$ siècle, le « caquet » était d'ailleurs synonyme de « bavardage indiscret ». Rabattre, c'est « faire retomber » le volume du son, la tonalité. Bref, faire taire. Et ça fait du bien.

# ET TOUT *le toutim*

Non, « toutim » n'est pas un mot d'argot inventé de toutes pièces mais un substantif issu de « tout » et du suffixe de supériorité latin « issimum », qu'on trouve dans le langage courant avec « rarissime » ou « gravissime ». On pourrait donc traduire « toutissime » par « plus que tout ». L'expression « et tout le toutim », en langage populaire, signifie « et tout le reste », comme « et tout le tralala » ou encore « et tout le saint-frusquin ». On ne l'entend plus guère sauf dans quelques films noirs des années 1950 ou les comédies écrites par Michel Audiard. Dans *Les Tontons flingueurs*, par exemple, le personnage interprété par Lino Ventura s'exclame : « *Ça va changer vite, c'est moi qui vous le dis ; la boîte que je vais lui trouver, va falloir qu'elle y reste, croyez-moi ! Ou sinon, je vais la filer chez les dresseurs, les vrais, pension au bagne avec le réveil au clairon et tout le toutim, non mais sans blague.* » Irrésistible !

# NOM D'UN PETIT *bonhomme*

S'il existe nombre d'expressions pour marquer sa surprise, « Sacre bleu », « nom d'une pipe » etc., « nom d'un petit bonhomme » est l'une des plus charmantes. Elle existait au XIXe siècle, époque où on la prononçait bien plus souvent qu'aujourd'hui. En effet, si un gamin de 12 ans se met à s'exclamer « Nom d'un petit bonhomme », c'est forcément qu'il est un peu étrange ou, soyons charitable, qu'il vient de découvrir cette formule dans un livre de sa bibliothèque. Mais quel est donc ce petit bonhomme ? Il fait référence aux statuettes représentant le Christ, une façon détournée de parler de Dieu. Car jurer en prononçant « Nom de Dieu » est blasphématoire et donc interdit. Les chrétiens préfèrent utiliser un équivalent qui ne choquera personne.

# MINUTE *papillon*

Une façon comme une autre d'interrompre un bavard avec qui on n'est pas d'accord ou de stopper l'enthousiasme ou la hargne d'un individu sur tel ou tel sujet. Son origine est-elle due à ces jolis insectes qui volent sans interruption en déployant leurs ailes multicolores et qui ne prennent pas le temps de se poser ? Pas sûr. « Minute papillon » aurait été inventé par la rédaction du *Canard enchaîné* qui, dans les années 1930, se rendait chaque jour dans le même café. Le serveur s'appelait « Papillon » et répétait « minute », dès qu'on l'interpellait pour être servi. Les journalistes l'auraient alors surnommé « Minute papillon ». L'expression courante « minute ! » s'est donc au fil du temps rallongée mais tend à disparaître aujourd'hui.

## TOUT VA TRÈS BIEN ***madame la marquise***

Votre femme vous a quitté, vous êtes au chômage, vos enfants ne vous parlent plus. Et à part ça ? Tout va très bien madame la marquise. Une expression toute en ironie pour dire qu'on ne va pas bien mais qu'on est résigné. Elle tient son origine d'une célèbre chanson de Paul Misraki, écrite en 1935 et interprété par Ray Ventura et ses Collégiens : *Tout va très bien madame la marquise*. Ce fut ce qu'on appellerait aujourd'hui un tube. Avec la bonne humeur qui les caractérisait, la petite bande de musiciens fredonnait cette improbable histoire de valet, incorrigible optimiste, qui devise au téléphone avec sa patronne et lui annonce d'un ton jovial de terribles catastrophes : « *On déplore un tout petit rien : Si l'écurie brûla, madame, C'est qu'le château était en flammes. Mais, à part ça, madame la marquise, Tout va très bien, tout va très bien.* »

# BON SANG *de bonsoir*

Drôle de manière pour dire son mécontentement, voir son énervement, « Bon sang de bonsoir » n'est pratiquement plus usité. Quel dommage ! L'origine de cette interjection est très ancienne, elle date du XIVe siècle. On disait à l'époque, lorsqu'on était excédé, « Par le sang de Dieu ». Cette expression trop blasphématoire pour être utilisée à tout bout de champ dut être adoucie pour ne pas heurter l'Église et ses fidèles. Dès le XIXe siècle, on s'exclamait « Bon sang de Bon Dieu », encore un peu trop sacrilège, puis « Bon sang de bonsoir » ou même « Bon sang » tout court qui peut aussi être prononcé pour dire son étonnement : « Bon sang ! C'est donc elle qui a commis ce terrible meurtre » (phrase inventée, d'accord, mais entendue cent fois dans les films policiers d'hier !).

# EN VOITURE *Simone*

La Simone de cette expression signifiant « Allons-y ! », « C'est parti ! » est une référence à Melle Simone Louise de Pinet de Borde des Forest qui n'a pas que la longueur de son nom comme signe particulier. Elle est aussi la première Française à avoir obtenu son permis de conduire en 1929. Une révolution ! D'autant qu'elle devint une pilote de course automobile admirée et ouvrit en 1950 une auto-école, alors qu'il n'en existait presque pas à cette époque. Une drôle de dame assez célèbre pour inspirer cette populaire exclamation. Qu'utilisait souvent Guy Lux dans l'émission « Intervilles » en apostrophant sa collaboratrice Simone Garnier, dont seuls les enfants nés avant 1970 se souviennent encore. Pour être complet, sachez que la formule était au départ « En voiture Simone, c'est moi qui conduis, c'est toi qui klaxonnes », drôle mais pas très chic.

# ENCORE UN *que les Boches n'auront pas*

Les Boches sont bien sûr les Allemands contre qui la France était en guerre en 1914. On les appelait aussi les Fritz, les Schleuhs, les Frisés. Le mot « boche » était déjà utilisé lors de la guerre de 1870 contre les Prussiens et vient du mot alboche : « al » pour allemand, « boche » pour « boule » en argot, comme celle utilisée au jeu de quilles. L'expression « tête de boche » signifiait alors « tête dure ». Lorsque, pendant la Première Guerre, les Français ouvraient une bonne bouteille qui n'était pas réquisitionnée par les ennemis, on s'exclamait « Encore une que les Boches n'auront pas » pour la savourer avec encore plus de plaisir. Une expression utilisée aussi pendant la guerre de 1940. Et même plus tard, en temps de paix, lors de réceptions arrosées, lorsque, pour se donner bonne conscience, on débouche la quinzième bouteille de rosé de la soirée !

# VIEILLE *branche*

« Salut vieille branche », disait-on volontiers à un camarade. Qui n'était pas forcément centenaire. Comme pour « un vieil ami », on parle ici de l'ancienneté de la relation, pas de l'âge de la personne concernée. Quant à branche, l'origine est bien mystérieuse. On s'en remettra aux recherches de spécialistes : au XIV$^{e}$ siècle, on appelait son meilleur ami un « poteau », exprimant ainsi la solidité de son camarade, quelqu'un sur qui on pouvait se reposer. Le terme a d'ailleurs donné le mot « pote » utilisé aujourd'hui comme hier. Du poteau à la branche, il n'y a qu'un pas que nous franchissons allégrement. Car c'est à la branche qu'on se raccroche quand on est sur le point de tomber. Vous la voyez, là, la métaphore ?

# ÊTRE BOUCHÉ *à l'émeri*

Dieu qu'il est désagréable de se faire dire qu'on est « bouché à l'émeri », entendez qu'on est obtus, peut-être même stupide. Mais qu'est que cet émeri vient donc faire ici ? Et d'abord, qu'est-ce que c'est ? Il s'agit en fait d'un abrasif qu'on utilisait au XIXe siècle pour rendre les bouteilles et les flacons pharmaceutiques hermétiques en polissant les bouchons avec cette roche dure. Cette expression qui date du XXe siècle prend alors tout son sens ! Quant à la formule « Il est bouché », tout court, elle existait déjà au XVIIIe siècle et désigne également un être étanche à toute pensée intelligente, c'est-à-dire complètement borné.

# EN ROUTE
# *mauvaise troupe*

« E*n route, mauvaise troupe ! Partez, mes enfants perdus ! Ces loisirs vous étaient dus : La Chimère tend sa croupe.* » Qu'en termes élégants ces choses-là sont dites. C'est Verlaine qui en est l'auteur : ceci explique cela. Pourtant, l'origine de cette expression est bien antérieure à l'écriture de ce texte publié en 1884. Le mot « troupe » nous fait supposer qu'elle provient du monde militaire mais, ce qui est certain, c'est que de nombreux parents l'ont utilisée pour donner le signal de départ à leur progéniture. *« Tout le monde est prêt ? En route mauvaise troupe »*, nous disait-on, petits, avant le déjeuner du dimanche chez notre grand-mère. Et, lorsqu'on l'entend encore, par hasard, on en est tout ému.

# TÊTE *de pioche*

À l'évidence, tous les instituteurs ont, une fois dans leur vie, prononcé cette expression à l'encontre de l'un de leurs élèves. Une « tête de pioche », c'est une tête dure, entendez une personne têtue. La pioche est un instrument en acier, formée d'un côté d'une pointe pour casser un sol dur et de l'autre d'une lame pour travailler sur le sol meuble. Les prisonniers par exemple l'utilisaient dans les bagnes pour briser les pierres. Un symbole on ne peut plus éloquent pour désigner un caractère coriace, une tête pas franchement malléable. Une expression qui a le même sens que « tête de mule » ou « têtu comme une mule », pauvre bête qui, malgré les coups de fouet, peut décider de rester immobile et ne reprendra son chemin que lorsqu'elle l'aura décidé.

# BÊTE *à manger du foin*

Avez-vous tenté, pour voir, de manger du foin ? Bien sûr que non ! Vous n'êtes pas stupide ! Imaginez maintenant un être humain que l'on traite de bête, ce qui n'est déjà pas très aimable, et qui serait en plus assez nigaud pour se régaler de ce fourrage qu'ingurgitent chevaux et vaches. Autant dire que cette injure est doublement insultante. Au XVIIIe siècle, date à laquelle cette expression a été inventée, on disait aussi « bête à manger des chardons », mets très apprécié des… ânes ! Animaux qu'on traite d'idiots depuis le XIIIe siècle et qui paraissent pourtant bien plus malins que quelques *homos sapiens* rencontrés au cours d'une vie.

CHAPITRE 4

# *Monnaie de singe*

# ÇA NE VAUT PAS *un fifrelin*

Autant dire que ça ne vaut pas un clou. Ni tripette. À peine trois francs six sous. Bref, ça ne vaut rien. Le fifrelin est un joli mot qui, une fois n'est pas coutume, est un dérivé de la langue germanique. En effet, « Pffiferling », qui désigne une chanterelle, le champignon, signifie également « un objet sans valeur ». On dit également « je n'ai plus un fifrelin », dans le sens de « je n'ai plus un sou », expression à ne pas dire, messieurs, devant une jeune femme que vous invitez à dîner pour la première fois. Elle pourrait s'inquiéter pour l'addition. « Fifrelin » a donné naissance à un autre mot bien connu, à prononcer avec dédain : « sous-fifre », cette fois pour désigner un subalterne, une personne qui n'a pas grand pouvoir.

# RICHE *comme Crésus*

Il faut dire qu'il était drôlement riche ce Crésus. Au IVe siècle avant J.-C., il fut le dernier roi de Lydie, ancien royaume grec situé sur la mer Égée. Il devait, dit-on, cette immense fortune à la rivière Pactole (sic!) d'où l'on tirait du sable fait de poussière d'or. Mais Crésus était aussi généreux. Non qu'il distribua son argent aux pauvres, la charité a ses limites, mais parce qu'il fit reconstruire le temple d'Artémis à Éphèse, monument qui deviendra l'une des sept merveilles du monde. Hélas, il perdit un fils et tout l'or du monde ne put le consoler de sa peine. On connaît l'adage « l'argent ne fait pas le bonheur ». C'est au XVIIe siècle que l'on inventa cette expression qui se dit moins souvent aujourd'hui. Sans doute aussi que les Crésus se font plus rares...

# PAYER EN MONNAIE *de singe*

Les râleurs, ceux qui se plaignent des péages sur les autoroutes, ne savent peut-être pas qu'au XIIIe siècle, il fallait s'acquitter d'une taxe pour traverser les ponts de Paris ! D'où d'épouvantables embouteillages puisqu'à l'époque il n'en existait que deux. C'est le roi Louis IX, autrement dit Saint Louis, qui décida de cet octroi. Au Petit-Pont, sur l'île de la Cité, seuls les forains ou les jongleurs qui possédaient un singe étaient exemptés de payer les quatre deniers demandés, à la condition qu'ils fassent faire un numéro à leur animal. C'est ainsi qu'est née l'expression qui signifie « ne pas payer du tout, ne pas régler ses dettes et s'en moquer », l'exact contraire d'une autre expression, désuète elle aussi, « payer en espèces sonnantes et trébuchantes ».

# DE LA ROUPIE *de sansonnet*

Tous ceux qui croient que la roupie de cette célèbre expression est une référence à la monnaie indienne se trompent ! Il est ici question d'une substance dont les gens civilisés parlent peu tant elle n'est pas ragoûtante : la goutte au nez. Nous sommes tous d'accord pour reconnaître que ce liquide qui s'échappe parfois de nos narines ne vaut rien, financièrement parlant. Quant au sansonnet, il s'agit de cet adorable petit oiseau, plus connu sous le nom d'étourneau. Le rapport entre les deux ? Personne ne le sait, même si certains supposent qu'il s'agit d'une déformation du mot « sansonnet » en « sans son nez ». « La roupie de sansonnet », c'est un objet qui ne vaut pas grand-chose, une bagatelle, en bref, de la crotte de… bique.

# TIRER LE DIABLE *par la queue*

C'est une bien mystérieuse expression qui signifie avoir du mal à finir ses fins de mois, à joindre les deux bouts. On pense qu'elle fait son apparition au XVIIe siècle, époque où l'on peinait à manger du pain tous les jours. Des spécialistes rappellent qu'on disait alors qu'une bourse vide contenait le diable, d'autres que « le diable » était l'autre nom d'un râteau dont se servaient les paysans pour racler les champs afin d'y trouver quelque chose à manger, leur seigneur se moquant comme d'une guigne de leur estomac vide. Bizarrement, « tirer le diable par la queue » n'avait pas tout à fait la même signification il y a quatre siècles. Cela voulait exprimer le fait de gagner suffisamment d'argent pour vivre modestement mais convenablement.

# AVOIR DES OURSINS *dans les poches*

Quelle jolie et imagée expression pour désigner un avare. Est-il utile de vous expliquer l'effet désagréable et même douloureux ressenti, lorsqu'on fourre ses mains dans les poches et que s'y trouve cette piquante petite bête qu'on appelle parfois hérisson de mer. À peu près la même sensation qu'un avare qui doit sortir quelques billets de ces mêmes poches : une douleur intense ! Plus littéraire pour la même signification : avare comme Harpagon, célèbre personnage de Molière et, plus argotique, rapiat. Quoi qu'il en soit, « avoir des oursins dans les poches » n'était pas un compliment jadis et ne l'est pas plus aujourd'hui. C'est même un bien vilain défaut. Peut-être même l'un des pires, ne croyez-vous pas ?

# CRACHER *au bassinet*

Il nous faut l'avouer : on a tous un jour ou l'autre « cracher au bassinet », payer quelqu'un à contrecœur. Le bassinet est, vous vous en doutiez, un petit bassin, où, il y a quelques siècles, on déposait l'aumône pendant la messe. On appellerait cela aujourd'hui le panier pour la quête. Or, quelques fidèles auraient bien passé leur tour. Mais le regard de leurs voisins les incitait à glisser une pièce dans le bassinet, de peur de passer pour des pingres, voire de mauvais chrétiens ! C'est donc contraints et forcés qu'ils donnaient quelques sous, qu'ils « crachaient au bassinet ». « Cracher » n'a pas la même signification aujourd'hui qu'au XV$^{e}$ siècle, où le verbe était synonyme d'« émettre », sortir sa bourse. Cette expression quelque peu déplaisante date du XIX$^{e}$ siècle.

# ÇA FAIT *la rue Michel*

La rue en question existe toujours aujourd'hui et se niche à Paris, dans le IIIe arrondissement. Pour comprendre cette étrange formule, il faut connaître le nom complet de cette voie : rue Michel-le-Comte. L'expression nous vient des cochers du XIXe siècle qui, lorsqu'ils déposaient leurs clients dans cette rue, leur disaient en boutade au moment de se faire payer : « Ça fait la rue Michel », pour « Ça fait le compte », jeu de mots, bien médiocre il est vrai, avec « le Comte »... Certains l'utilisent, à présent, bien que rarement au XXIe siècle !, pour exprimer le fait que ce n'est pas la peine d'en rajouter, que c'est suffisant, en parlant d'un projet, d'un travail par exemple. On prétend aussi que l'expression aurait été popularisée et propagée par les journalistes qui l'utilisaient fréquemment, leurs bureaux étant situés à proximité, rue Réaumur. Nous espérons que cette explication vous convient. Pour nous, ça fait la rue Michel.

# FAUCHÉ *comme les blés*

Le terme « être fauché » qui paraît si moderne tient pourtant ses origines des années 1850. À cette époque, on comparaît un champ qui venait d'être fauché, dont il ne restait rien, à la bourse du pauvre quidam. Ce n'est qu'à la fin du XIXe siècle qu'on utilisa « être fauché comme les blés », les blés faisant référence ici, non seulement au contenu du champ, mais aussi au mot argent en argot. Et Dieu sait qu'il en existe des termes argotiques pour le symboliser : oseille, grisbi, pèze, tune, artiche, pépette, etc. À l'heure actuelle, et même si cette expression est désuète, on l'entend encore de temps en temps. Serait-ce l'effet de la crise ?

# VOLEUR *comme une pie*

Ce bel oiseau ne nous a jamais fait de mal. Pourtant, son nom est utilisé dans des affaires litigieuses. Depuis le XVIIe siècle, on lance « Tu es bavard comme une pie » à tous ceux qui ne peuvent s'empêcher de jacasser. Il est vrai que le volatile émet d'incessants cris, pénibles et soutenus. Et puis, comme si ce n'était pas assez, l'expression « voleur comme une pie » surgit dès le XIXe siècle. On voudrait nous faire croire que ce bel oiseau est un chapardeur ? C'est ce qu'on disait de lui : il serait irrésistiblement attiré par tout ce qui brille et aurait tendance à ravir les bijoux étincelants. En tout cas, ceux qui traînent dans les jardins. Et puis, ouf ! Des spécialistes, après de longues recherches scientifiques, dénoncent l'absurdité de cette légende. Non, les pies seraient des corvidés tout ce qu'il y a de plus honnêtes. Leur honneur est sauf. Quant à l'expression, elle perdure. Les croyances ont la peau dure.

# C'EST PAS *le Pérou*

Et pourquoi pas la Colombie ou la Bolivie ? Parce que le Pérou, c'était un pays de rêve, un pays riche en or, si riche que la légende dit que son prince s'en faisait saupoudrer de la tête au pied chaque jour. C'est ainsi qu'au XVIe siècle, nombre d'Européens sont partis vers cet Eldorado, bien décidés à devenir Crésus. Comme les frères Pizarro, célèbres aventuriers espagnols qui ont conquis l'Empire inca et sont rentrés au pays pourvus de tonnes et de tonnes d'or mais aussi d'argent et d'émeraudes. Comprenez alors que l'expression du XVIIIe siècle « C'est pas le Pérou » signifie que ce n'est pas grand-chose, que cela n'a pas grande valeur. On dit parfois « C'est le Pérou » lorsqu'on est émerveillé mais c'est le plus souvent « C'est Byzance » qui est prononcé pour indiquer un endroit luxueux ou un événement favorable.

CHAPITRE 5

# Que pouic

# LA MORT *du petit cheval*

Il y a fort à parier que beaucoup n'ont jamais ne serait-ce qu'entendu cette expression. Elle n'est pourtant pas très ancienne, on la date des années 1930. Elle signifie « courir à sa perte », « la fin de quelque chose » ou plus familièrement « C'est la fin des haricots ». On pense que son origine date de la grande époque du jeu des petits chevaux qui s'introduit dans les casinos et grâce auquel on pouvait gagner beaucoup d'argent. Mais certains joueurs avaient trouvé la parade pour tricher et s'enrichir facilement. En 1950, on supprima alors ce passe-temps rémunérateur. Ce fut la mort du petit cheval et donc, pour certains, la ruine. Rien à voir avec le roman d'Hervé Bazin intitulé ainsi, ni avec le joli poème de Paul Fort, chanté par Brassens *Le Petit Cheval blanc*, qui, effectivement, meurt foudroyé, faisant ainsi pleurer des générations d'écoliers.

## COMME LA VÉROLE *sur le bas-clergé*

L'expression la plus anticléricale qui soit pour définir un événement qui s'abat sur quelqu'un violemment et brutalement. La vérole est une maladie qu'on date du XVIe siècle et qui est appelée plus couramment la syphilis, bref une maladie vénérienne. Au XVIIIe siècle, certains mécréants ont ainsi imaginé que cette affection honteuse se répandait parmi les seuls hommes qui ne devaient pas en être affligés. Hostilité et malveillance, quand tu nous tiens ! Le bas-clergé en question fait référence aux prêtres des petites communes rurales, tout en bas de l'échelle de la hiérarchie. On qualifiait autrefois ce bas-clergé de breton ou d'espagnol sans que l'on sache pourquoi. On dit aussi « Comme la misère sur le pauvre monde », moins cruel pour ces pauvres ecclésiastiques et plus adapté aux enfants !

# LA FAUTE
# *à pas de chance*

On se donne du mal pour que nos enfants parlent un langage châtié, tout au moins convenable. Et voilà que nos aïeuls, pourtant plus chatouilleux que nous sur les fautes de grammaire, employaient l'expression « La faute à pas de chance » (plutôt que la faute de pas de chance) pour un oui ou pour un non. Et puis, on pense à Victor Hugo et ce célèbre refrain chanté par Gavroche dans *Les Misérables* : « Je suis tombé par terre, c'est la faute à Voltaire / Le nez dans le ruisseau, c'est la faute à Rousseau / Je ne suis pas notaire, c'est la faute à Voltaire / Je suis petit oiseau, c'est la faute à Rousseau », et on est rasséréné. Car cette erreur n'en est plus une, tant elle est figée dans notre langage. Ceux qui la prononcent sont en tout cas d'un naturel flegmatique et fataliste.

TRIFOUILLIS

# TRIFOUILLIS-*les-Oies*

C'est un trou perdu, un bled qu'on ne saurait même pas localiser. « Trifouillis-les-Oies » est évidemment une commune inconnue au bataillon qui a comme des résonances de campagne, de lieu bucolique. En tout cas un lieu où les oies courent en liberté. Pour tous ceux que la campagne rebute, c'est un cauchemar. Souvenez-vous de la célèbre phrase de Michel Audiard : *« À la campagne, le jour on s'ennuie, la nuit on a peur. »* Certains utilisent aussi « Perpette-les-Oies » ou « Pétaouchnock » qui signifie cette fois qu'il s'agit d'un endroit perdu soit, mais surtout très éloigné. Cette amusante formule est employée par les citadins purs et durs, et même, avouons-le, un tantinet bobos !

# ATTRAPE-*nigaud*

Le nigaud est un sot. Un maladroit, un poltron. Il tire ses origines du nom propre Nicomède, un des premiers disciples de Jésus. On ne doute pas que celui-ci fut aimable. Mais peut-être un peu bêta. Pourquoi ? Simplement parce qu'il posait au Christ des questions que nous qualifierons d'ingénues même si on peut se demander si elles n'étaient pas simplement stupides. C'est à ce brave homme que nous devons ce mot de nigaud. Qu'il n'en porte pas ombrage, on dit de lui qu'il fut d'une fidélité à toute épreuve. Un « attrape-nigaud », expression entendue dès le XVIII$^{e}$ siècle, c'est une ruse tellement grossière que personne ne s'y fait prendre. Sauf les nigauds, bien entendu.

# À LA *saint-glinglin*

On aurait aimé vous raconter la vie de saint Glinglin, mais nos recherches ont été infructueuses. Peut-être tout simplement parce qu'il n'existe pas. Aussi, il n'a pas de journée qui lui est consacrée dans le calendrier. Vous l'aurez compris, lancer « On verra ça à la saint-glinglin » revient à dire « Quand les poules auront des dents », comprenez : jamais. Et pour couronner le tout, le « saint » en question n'en est pas un. C'est une déformation du mot « seing », qui signifie « cloche » en ancien français. Quant à « glinglin », il vient du dialecte messin « glinguer » qui signifie « sonner ». Si la cloche sonne le jour de la saint-glinglin, on n'est pas prêt de l'entendre...

# C'EST *riquiqui*

C'est riquiqui, entendu jadis pour définir un objet tout petit ou recroquevillé ou pour qualifier quelque chose de mesquin, s'orthographie aussi « rikiki ». Drôle de mot au passé mystérieux, même si certains affirment qu'il proviendrait de l'akkadien (la plus ancienne des langues sémitiques), « riq » désignant quelque chose de petit mais de nécessaire. D'autres pensent qu'il tire son origine tout simplement de l'eau-de-vie du même nom, très peu goûteuse dit-on, et qu'on buvait en faible quantité de peur de tomber raide mort. Quoi qu'il en soit, ce mot charmant n'est plus beaucoup utilisé, sauf peut-être par nos chérubins qui disent aussi « c'est minus ».

# AU *diable-vauvert*

C'est une expression très ancienne, datant sans doute du Moyen-Âge, qui est arrivée sans encombre jusqu'à nous. Son origine est assez mystérieuse. Elle pourrait faire référence au château de Vauvert, pas très loin de Paris, où, dit-on, on commettait des actes blasphématoires. Le diable y avait donc pénétré. Louis XI, las de ces légendes malsaines, le transforma en couvent ! Voilà pour le diable. Mais quid de cette expression signifiant « très loin » ou, plus familièrement, « à dache », « à perpette ». Il se trouve qu'au XV^e^ siècle, beaucoup de villages s'appelaient Vauvert. Quand on sait le nombre d'heures qu'il fallait endurer pour quitter la capitale et se rendre en province... Tout voyage paraissait alors effroyable et donc lointain. La formule « C'est au diable », pour dire la même chose, date, elle, du XV^e^ siècle.

# PAR L'OPÉRATION *du Saint-Esprit*

Quand un événement ne s'explique pas, qu'on ne sait comment cela est arrivé, on disait souvent « Par l'opération du Saint-Esprit », référence aux Évangiles lorsque Marie enfante de Jésus sans jamais avoir été fécondée, simplement par l'effet de l'Esprit saint. C'est au XVIe siècle que cette expression est consignée dans les missels des catholiques. On l'utilisa par la suite, d'abord pour les jeunes femmes célibataires qui tombaient enceintes sans père connu, on disait alors les « filles-mères », puis, par extension, de manière ironique pour toute situation suspecte dont on ne connaît pas l'origine : « Ça ne s'est quand même pas cassé par l'opération du Saint-Esprit ? »

La dernière explication me semble ...
... un tantinet fantaisiste !

# EN DEUX COUPS *de cuiller à pot*

Autant dire « À toute vitesse et facilement » comme dans « J'ai déblayé la neige devant ma porte en deux coups de cuiller à pot ». La cuiller dont il est question est une grosse louche qui permet de transvaser ou de servir des aliments très rapidement. Cette expression daterait du début du XX$^{e}$ siècle et serait apparue dans les prisons et dans les casernes (où il fallait se dépêcher d'engloutir son repas). Plus farfelu mais on adore, elle ferait allusion à la naissance du futur Henri IV. Antoine de Bourbon, son père, aurait prononcé cette phrase définitive et ô combien imagée : *« La reine a donné naissance à un prince en deux coups de cul, hier, à Pau. »* On aimerait tellement que cette origine soit la bonne ! Pour votre gouverne, sachez qu'Henri IV est né un 13 décembre 1553... à Pau, en effet !

# LE PETIT JÉSUS *en culotte de velours*

Les amateurs de bon vin savent tous de quoi il est question. Cette expression indique un breuvage délicieux, qui ne peut qu'exciter les papilles. Lorsque dans les fêtes de famille, un vieil oncle prononçait cette phrase, les autres convives pouvaient se ruer sans crainte sur leur verre : le côtes-du-rhône était bon. Le velours est un tissu si soyeux et si doux qui glisse sans difficulté, à peu près comme le nectar glisse vers votre estomac. Quant au petit Jésus, c'est bien sûr l'image de la bonté, de la délicatesse, de la pureté. Dans les années 1950, un vin de table, fort peu raffiné dont nous tairons le nom, avait trouvé le meilleur des slogans pour duper les chalands : « Le vin X, le velours de l'estomac ». Ici, point de référence au Christ, uniquement à la digestion, qui, dit-on, était pourtant mise à rude épreuve.

# SE MONTER *le bourrichon*

On peut se le monter tout seul ou le monter à d'autres. Ce serait Flaubert qui aurait utilisé le premier cette expression comparant une tête à un bourrichon, c'est-à-dire une bourriche. Les mangeurs d'huîtres auront reconnu ce panier sans anse dans lequel on dispose les mollusques. Nos pauvres têtes ont eu de tout temps des surnoms, ce n'est pas nouveau : souvenez-vous de « cafetière », « carafe », « timbale », « bobine », « trombine »… Alors, pourquoi pas le bourrichon. « Se monter le bourrichon », c'est se monter la tête, se faire des idées, se persuader de quelque chose sans raison. « Monter le bourrichon à quelqu'un », c'est monter une personne contre une autre, ce qui n'est pas joli, joli.

# KIF-KIF *bourricot*

Lorsque les soldats français rentrèrent d'Afrique du Nord au XIXe siècle, ils rapportèrent avec eux grand nombre d'expressions. L'une d'elles « Kif-kif bourricot » a résisté plus que d'autres, même si elle est peu employée aujourd'hui. « Kif » signifie « comme » en arabe. On peut traduire « Kif-kif » par « du pareil au même ». Mais que fait donc un âne dans cette affaire ? Simplement parce que les Nord-Africains disaient aussi « pareil à l'âne » pour « semblable ». On ne peut passer sous silence que le « kif » est également la traduction de « haschich » en arabe. Puis on dit « kiffer » pour désigner l'action de fumer du haschich. C'est d'ailleurs ainsi que les jeunes d'aujourd'hui ne cessent de répéter « Je kiffe », non pas, grand Dieu, pour révéler qu'ils se droguent, mais tout simplement pour exprimer le fait qu'ils aiment une chose, et même un être humain avec « Je la kiffe » lorsqu'ils ressentent des sentiments amoureux envers une demoiselle.

## SE CASSER *la nénette*

Cette expression un rien vulgaire signifie se décarcasser, se casser la binette. « Binette » comme « nénette », c'est la tête, en tous les cas ce qu'il y a dedans. Autant dire qu'à force de réfléchir, on pourrait bien casser quelques organes du système nerveux. « Nénette » aurait pour origine le terme « comprenette », la capacité à comprendre formulée familièrement. Cela pourrait aussi être un diminutif du mot « trombinette » qui signifie également la tête. Attention à ne pas confondre avec « se casser la margoulette » qui n'a rien avoir avec le cerveau mais tout à voir avec la chute dans l'escalier !

# EN AVOIR GROS *sur la patate*

La patate est un mot d'argot qui désigne le cœur. En avoir « gros sur la patate », c'est avoir le cœur gros, être triste, tourmenté par quelque chose ou quelqu'un et même rancunier. L'expression apparaît au XXe siècle, on disait aussi « en avoir gros sur la pomme de terre », plus élégant. Le mot « patate » a toujours inspiré. On se souvient de « je vais lui passer la patate chaude », pour se débarrasser de quelque chose de gênant, « quelle patate » pour quel idiot, « avoir la patate », pour se sentir en forme, devenu, on ne sait pourquoi, « avoir la frite » et, parce qu'il faut être complet, « je lui ai mis une patate », autant dire flanquer un uppercut bien senti.

Guignol

# SE METTRE *martel en tête*

Imaginez-vous vous donner de grands coups de marteau sur la tête. Inquiétant non ? Et bien « martel en tête » veut justement dire s'inquiéter, se faire du souci. Le « martel » est un mot ancien pour « marteau » et au XVI^e^ siècle, il était courant de dire « se mettre martel », pour se tourmenter au point de ne penser plus qu'à ça. « Martel » désignait aussi au figuré la jalousie, mais fut bientôt abandonné. Ce n'est qu'au XVIII^e^ siècle que la formule s'allonge. Aujourd'hui, l'expression est un peu moins dramatique et le plus souvent de forme négative. On vous dira « Ne te mets pas martel en tête » pour que vous arrêtiez de cogiter, de vous inquiéter, même pour une broutille.

# SE METTRE LA RATE *au court-bouillon*

C'est une expression plus récente qu'on ne le croit, sans doute des années 1960, et formulée pour la première fois dans la célèbre série des San-Antonio de Frédéric Dard. La rate est une partie du corps à laquelle on pense rarement et on a raison, tant ce n'est pas appétissant. Hippocrate pensait que c'était là que se nichait la bile noire, autrement dit la mélancolie, la dépression. Peu à peu, la rate est devenue aux yeux de beaucoup la partie du corps qui enferme les humeurs. On disait d'ailleurs « se décharger la rate » qui signifiait se mettre très en colère. On ne sait pas quelle est la sensation obtenue si on la jetait dans un court-bouillon mais on imagine que cela doit être pour le moins douloureux. « Se mettre la rate au court-bouillon », c'est se faire du souci, s'angoisser. Se faire du mal, donc.

# YOYOTER *de la cafetière*

« Yoyoter » est un verbe inventé de toutes pièces et tient son origine du yo-yo, un des jeux les plus anciens du monde. Vous avez sûrement joué au moins une fois à ce passe-temps légèrement ridicule, qui eut un énorme succès tout au long du XXe siècle. Le mouvement de va-et-vient continu des deux disques actionné par une ficelle semble être comparé au cerveau dont les pensées divaguent, montent et descendent pour en arriver toujours au même point. On suppose aussi que ce jeu était si absurde qu'on trouvait ceux qui le pratiquaient légèrement dérangés. La cafetière étant, en langage familier, la tête, « Yoyoter de la cafetière », c'est perdre les pédales, devenir gâteux ou, moins cruel, ne pas avoir les idées claires. On dit aussi « Yoyoter de la touffe » ou « Avoir une araignée au plafond », tout aussi illustratif...

Couic!

# QUE *pouic*

Quel dommage de ne presque plus entendre cette jolie expression, bien plus charmante que son synonyme « que dalle », franchement vilain. Et oui, « que pouic » signifie « rien », comme dans « Je n'entends que pouic à ce que vous m'exposez, mon cher ». On ne sait pas grand-chose de l'origine de ce mot : viendrait-elle d'une onomatopée imitant le petit cri poussé par les oiseaux comme on le suggère ? Sachez qu'elle est utilisée pour beaucoup d'autres sujets. Les humains aussi « poussent un petit couic », manière de décrire un bruit de gorge. Et puis, il y a « faire couic », pour… être mort et pas seulement par strangulation. Pour ce qui est de la formule qui nous intéresse, on ne trouve aucune trace d'explications plausibles. Sachez seulement qu'on peut dire aussi « que couic » dû à une déformation de langage oral. Enfin, en argot, le mot « couic » signifie un travail de misère mais semble avoir complètement disparu (le mot, pas le travail de misère).

# BÊTE *comme chou*

Si on vous dit « Tu me prends le chou », vous aurez compris que le légume sus-cité signifie « la tête », mais, ce que vous ne savez peut-être pas, c'est qu'au XIXe siècle, il désignait aussi une autre partie du corps humain : les fesses. Mais pourquoi donc « Bête comme chou », d'abord parce qu'on n'a jamais pensé qu'un chou puisse être malin, sur ce point, nous sommes tous d'accord. Jadis, l'expression voulait dire « très bête », aussi bête que les fesses. Elle n'a plus la même signification aujourd'hui puisqu'on peut la traduire par « facile comme tout ». Ce glissement d'une définition à une autre n'a jamais pu être expliqué. Il nous reste à faire des déductions : « C'est bête comme chou », c'est si facile que même les fesses peuvent le faire...

# DEUX SOUS *de jugeote*

Un sou ne valait pas cher, deux, pas beaucoup plus. Autant dire que « ne pas avoir deux sous de jugeote », c'est ne pas en avoir du tout. « Jugeote » est un drôle de mot, relativement récent puisqu'on pense que c'est Gustave Flaubert qui l'a inventé en 1871. Il était, d'ailleurs, coutumier du fait, adorant transformer des termes de vocabulaire français. Il voulait ainsi parler de « jugement » en terme plus enfantin. La jugeote est donc le discernement, la perspicacité. Ne pas en avoir, c'est être idiot. Mais l'expression n'est pas vraiment agressive. On dira cela à un petit enfant sans préjuger de son intelligence future ! Une manière de le houspiller pour qu'il réfléchisse avant d'agir.

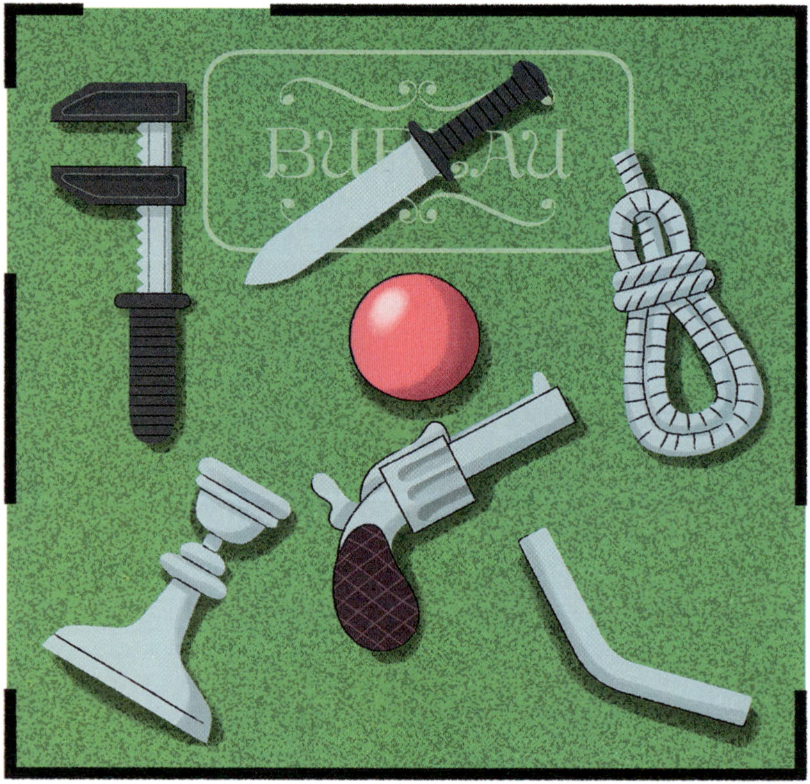

# MYSTÈRE *et boule de gomme*

On dirait une citation sortie d'un livre policier. Une expression un peu enfantine et merveilleusement désuète qui reste, sans jeu de mots, mystérieuse. Saperlipopette, qu'est-ce donc que cette boule de gomme ? Des chercheurs pleins de bonne volonté ont cherché à découvrir l'origine de cette formule... en vain. Certains y voient une allusion aux voyantes. Celles-ci doivent deviner les mystères de la vie future dans une boule de cristal. Elles ne pourraient pas le faire dans une boule de gomme, matière opaque et ténébreuse. Même si nous ne sommes pas convaincus par cette explication, on sait de source sûre que la première fois que « Mystère et boule de gomme » est apparu en littérature, c'est sous la plume d'Henry de Montherlant, en 1949, dans sa pièce *Demain, il fera jour*. Belle référence.

# Sommaire

# CHAPITRE 1
## *Sur son 31*

## CHAPITRE 2
## *Conter fleurette*

## CHAPITRE 3
## *Quel loustic !*

# CHAPITRE 4
## *Monnaie de singe*

# CHAPITRE 5
## *Que pouic*

# À PROPOS *de...*

***Laurence Caracalla, auteur***
Elle est née et vit à Paris. après avoir travaillé quinze ans dans l'édition, elle collabore aujourd'hui à différents journaux (*Le Figaro*, *Version Femina*, *Le Figaro Magazine*) et a écrit plusieurs ouvrages dont quelques-uns consacrés au savoir-vivre.

***Pascal Gauffre, illustrateur***
Diplômé de l'École Estienne et après un passage en agence de publicité, il collabore depuis plus de vingt ans avec de nombreux magazines et exprime également son art et son humour dans l'édition et la presse jeunesse.

Le Figaro - 14, boulevard Haussmann, 75009 Paris.
**Directeur général, Directeur de la publication** : Marc Feuillée. **Directeur des rédactions** : Alexis Brézet. **Directeur délégué des rédactions** : Paul-Henri du Limbert.
**Auteur** : Laurence Caracalla. **Éditrice** : Sofia Bengana. **Éditeur adjoint** : Robert Mergui.
**Directrice adjointe à l'édition** : Anne Huet-Wuillème. **Édition** : Marie Guiard-Schmid.
**Direction artistique** : Constance Gournay. **Fabrication et pré-presse** : Delphine Couderc et Alain Penet. **Direction de la diffusion** : Philippe Grinberg.
**Directeur des ventes** : Laurent Nocca.
ISBN : 978-2-8105-0743-6. Achevé d'impression en décembre 2015
sur les presses de l'imprimerie POLLINA, France.